Die moderne Gitarrenschule

Lehrbuch der klassischen Gitarre

Eine moderne Methode zum Selbststudium der klassischen Gitarre

D1731267

Wichtige Studien dieser Schule sind als Video-Tutorials auf der Internetpräsenz

www.flow-guitar.com

frei geschaltet und können als zusätzliche Lernhilfe genutzt werden.

Die moderne Gitarrenschule

ISBN 978-3-96111-221-0

Copyright 2017, Christian Krüger

2. Auflage

Inhaltsverzeichnis

Die moderne Gitarrenschule

Kapitel 1 Die C Dur Tonleiter in der I. Lage

5

Vorwort

Hallo, schön dass Du Dich für die *moderne Gitarrenschule* entschieden hast. Dieser Band vermittelt Grundkenntnisse wie auch weiterführende Techniken der klassischen Gitarre und richtet sich daher an den Einsteiger bzw. Anfänger ab dem 10. Lebensjahr.

Die *moderne Gitarrenschule* ermöglicht Dir, das klassische Gitarren-Spiel im Selbststudium ohne Gitarrenlehrer zu erlernen. Ziel dieser Schule ist es, den Schüler in einen Lernprozess zu versetzen bei dem er durch gezielte Übungen das Gitarrespielen erlernt. Die Gitarre ist allerdings kein leicht zu erlernendes Instrument! Du solltest Geduld und ein wenig Disziplin mitbringen.
Bevor man die ersten Lieder spielen kann ist es notwendig, sich durch die Übungen zu arbeiten um eine stabile Notensicherheit zu erlangen.

Die Schule ist in vier Grundkapitel aufgeteilt und so konzipiert, dass der Schüler von Übung zu Übung mit den Tönen vertraut gemacht wird und fast nebenher die Noten, die wichtigsten Zeichen sowie Fachbegriffe richtig anzuwenden lernt.
Im ersten Kapitel wird in 6 Lektionen das Basiswissen der C Dur Tonleiter in der 1. Lage vermittelt. Dieses Fundament ist wichtig, da es den Weg für den weiteren Lernverlauf auf der Gitarre sichert. Da ein gutes Lernen auch auf einer gewissen Aufnahmefähigkeit des Geistes beruht, sollte man versuchen, sich beim bzw. durch Lernen des Instrumentes in einen ausgeglichenen Seelenzustand zu bringen. Eine Möglichkeit in diesen Zustand zu kommen ist es, die Übungen immer wieder langsam durchzuspielen, wie auch schon gelernte Lektionen langsam mehrmals hintereinander durchzuspielen.

Bevor wir mit den Lektionen beginnen solltest Du die Einführung in Ruhe durchlesen. Hier werden einige grundlegende Hinweise gegeben, die einerseits zum Nachschlagen nützlich sind andererseits informativ auf die Vorbildung eingehen.

Lass Dich auf den Lernprozess ein. Du wirst es nicht bereuen, denn musizieren ist nicht nur eine hohe Kunst, sondern auch ein Ruhepol für die Seele. Und...es macht und bringt viel Spaß!

Einführung

Die Saiten der Gitarre

Die Namen der Gitarren-Saiten sollte man sich einprägen. Sie lauten:

E A D g h e
⑥ ⑤ ④ ③ ② ①

Die Zahlen im Kreis sind der jeweiligen Gitarrensaite zugeordnet und festgelegt. Man zählt die Saiten von unten (dünne Saite) nach oben (dicke Saite). Da sich Töne auf mehreren Saiten wiederholen, kann diese Angabe als zusätzlicher Orientierungshinweis sehr hilfreich sein.

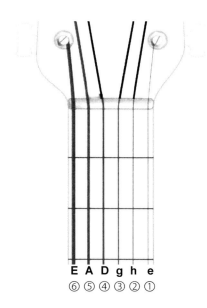

Die sechs Saiten der Gitarre im Notenbild

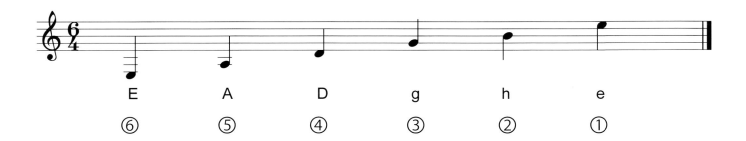

Das Stimmen der Gitarre

In früherer Zeit stimmte man die Gitarre noch unter Verwendung einer Stimmgabel. Dem Kammerton „a"
der bei der Stimmgabel erklingt, wurde die *a Saite* angeglichen (gestimmt), dann wurden die übrigen Saiten
über die *a Saite* eingestimmt.

Heutzutage benutzt man üblicherweise ein elektronisches Stimmgerät. Es zeigt automatisch den
angespielten Ton an. Man muss hierbei beachten, dass im Display des Stimmgerätes der richtige bzw.
erforderliche Ton erscheint. Am entsprechenden Wirbel dreht man die Saite bis das Stimmgerät den
richtigen Ton anzeigt. Eine Gitarre richtig zu stimmen ist für den Anfänger meistens eine Überforderung.
Die Erststimmung sollte daher eine fachkundige Person durchführen und dabei den Schüler zuschauen
lassen.

Vor jeder Übungseinheit sollte der Schüler die Stimmung mit dem Stimmgerät überprüfen und
gegebenenfalls nachjustieren.

Die Griffbrett-Grafik als Hilfsmittel

Um Töne in ihrer Position auf dem Griffbrett deutlich zu machen, verwenden wir folgende Grafik.

Die Grafik zeigt den Gitarrenhals mit Saiten und Bünden. Nachfolgend wird die Griffbrett-Grafik liegend
dargestellt.

Der schwarze Punkt markiert den zu drückenden Ton. Im unteren Beispiel soll der Ton im 2. Bund auf der
g-Saite gedrückt werden. Die Zahl in dem Punkt gibt den Hinweis auf den zu benutzenden Finger.

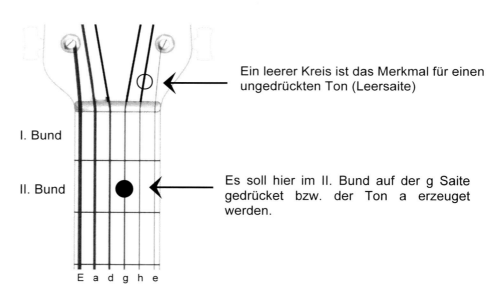

Ein leerer Kreis ist das Merkmal für einen
ungedrückten Ton (Leersaite)

Es soll hier im II. Bund auf der g Saite
gedrücket bzw. der Ton a erzeuget
werden.

Noten werden in einem System aufgezeichnet, das aus fünf Linien und vier Zwischenräumen besteht, die
von unten nach oben gezählt werden. Folgen die Töne stufenweise aufeinander, wie z.B. bei einer
Tonleiter, steht jeweils eine Note auf der Linie und die nächste im darauffolgenden Zwischenraum.

Für die Gitarre werden die Noten im Violinenschlüssel geschrieben. Der Schlüssel muss am Anfang einer Notenzeile stehen.

Töne die ober- oder unterhalb des Liniensystems liegen, werden mittels kurzer Hilfslinien aufgezeichnet.

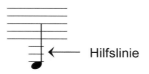

← Hilfslinie

Der Takt

Die Musikstücke werden durch senkrechte Striche (Taktstriche) in Takte unterteilt.

Takt 1   Takt 2   Takt 3

Die Taktarten

Taktarten geben an, wie viele Notenwerte innerhalb eines Taktes vorhanden sein dürfen, wobei die Gesamtsumme aller Notenwerte mit der vorgeschriebenen Taktart übereinstimmen muss. Die Taktart steht direkt neben dem Violinenschlüssel. In dieser Schule werden wir mit den geläufigsten Taktarten, dem 3/4 und dem 4/4 Takt, arbeiten.

Der Zeitwert einer Note

Noten können sich auch in ihrer Klang*dauer* unterscheiden. Die Notendauer wird durch die nachfolgend aufgeführten Notenwerte bestimmt.

Folgen mehrere Achtelnoten hintereinander, werden diese mit einem Balken verbunden. Bei Sechzehntel- und Zweiunddreißigstel-Noten dementsprechend mit zwei bzw. drei Balken.

Übersicht für den Zeitwert der Noten

Die Silbe „und" wird im folgendem Verlauf durch das Symbol „+" ersetzt.

Trägt eine Note einen Punkt neben sich bezeichnet man sie als *punktierte Note*. Eine punktierte Note verlängert ihren Zeitwert um die Hälfte ihres Wertes. Eine punktierte Viertel-Note klingt demnach um eine Achtel länger. Das Symbol „+" wird generell als „und" gelesen.

Die Triole

Eine Triole ist eine Notengruppe aus drei Tönen gleicher Zeitdauer. Sie haben den Zeitwert von zwei Noten derselben Zeitdauer.

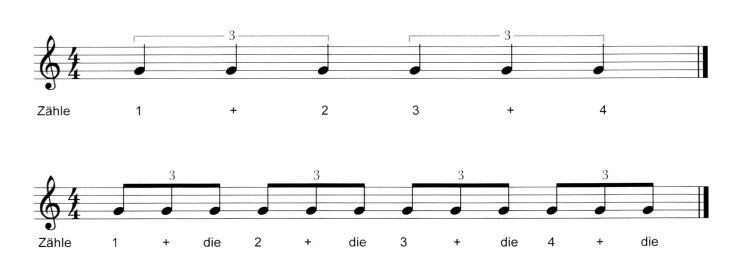

Die Pausen

Auch Pausen muss man kennzeichnen. Soll kein Ton erklingen muss man eine dem Zeitwert entsprechende Pause setzen.

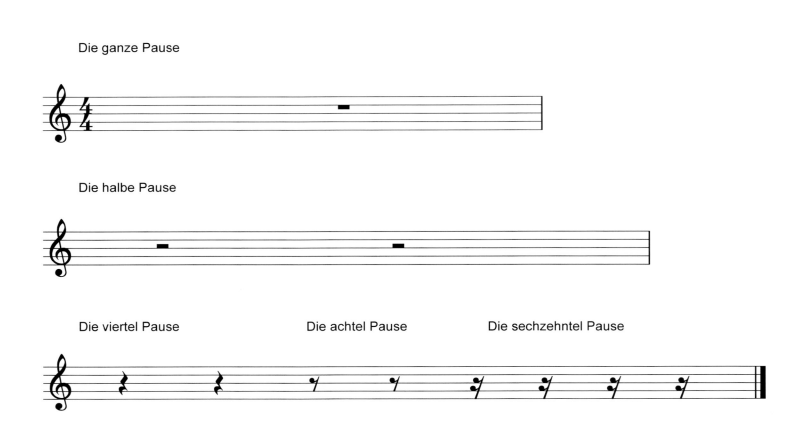

Die Anschlagsarten

Man unterscheidet zwei Hauptanschlagsarten. Den Melodieanschlag (auch Wechselanschlag genannt) sowie den Akkordanschlag.

Beim Akkordanschlag werden die Finger leicht gekrümmt und nach dem Anschlag über die nächst tiefere Saite hinweggeführt. Diese Anschlagsart wird auch als Zupfen bezeichnet.

Beim Melodieanschlag wechseln sich der Zeigefinger (i) und der Mittelfinger (m) der Anschlaghand von Ton zu Ton ab, weshalb man die Anschlagsart auch Wechselanschlag nennt. Der Wechselanschlag wird überwiegend beim Spielen von Tonleitern angewandt. Zu beachten ist hierbei, dass der Finger nach dem Anschlag an die nächst höher liegende Saite herangeführt wird.

Die Gitarrenhaltung

Man sitzt möglichst am Rand des Stuhles. Das linke Bein (Rechtshänder) sollte durch eine Fußbank erhöht werden. Linkshänder müssen quasi eine spiegelverkehrte Haltung annehmen. Auf den Oberschenkel des linken Beins wird die Gitarre aufgesetzt. Der Korpus der Gitarre drängt das rechte Bein leicht nach außen. Die rechte Hand sollte sich in Höhe des Schallloches befinden. Die Greifhand muss zum Greifen der Töne am Gitarrenhals positioniert werden.

Die Handstellung der Anschlaghand

Man legt die Finger im rechten Winkel zu den Saiten etwa in Höhe des Schalloches flach auf alle sechs Saiten. Der Daumen ruht dabei auf der tiefen E-Saite. Dann zieht man die Finger bei unveränderter Haltung so hoch, dass sie fast senkrecht auf den drei unteren Saiten stehen.

Die Handstellung der Greifhand

Bemühe Dich, den Ton möglichst mit der Fingerkuppe zu drücken. Man erreicht dies, indem man die Finger nicht flach, sondern spitz aufsetzt und zwar so, dass die Nachbarsaite nicht abgedämpft wird. Im Gegensatz zur Anschlaghand müssen die Fingernägel der Greifhand so kurz sein, dass ein Greifen mit der Fingerkuppe gewährleistet ist.

Barré

Barré, deutsch Quergriff, ist eine Spieltechnik bei der mit dem Zeigefinger (seltener auch mit Mittel- oder Ringfinger) der Greifhand mehrere Saiten gleichzeitig gedrückt werden. Diese Spieltechnik kommt erst in fortgeschrittener Literatur zur Anwendung. Zur Kräftigung des ersten Fingers ist es dennoch sehr ratsam mit gesonderten Barréübungen so früh wie möglich zu beginnen.

Eine gute Übung ist es, täglich für einige Male Barré mit dem Zeigefinger in irgendeinem Bund zu drücken mit dem Ziel, dass alle Töne dabei sauber erklingen.

Klangfarben und dynamische Veränderungen

Bei der Erarbeitung eines Musikstückes sollten nicht nur spieltechnische Elemente, sondern auch die Möglichkeiten der freien Gestaltung berücksichtigt werden.

Hierzu zählen z.B. dynamische Veränderungen wie *crescendo* (an Stärke zunehmen) und *decrescendo* (an Stärke abnehmen), aber auch die vielfältigen Möglichkeiten der Klangfarbenveränderung.

Schon bei leichten Stücken sollte damit begonnen werden, sich nicht nur auf das reine „Abspielen" der Spielstücke zu beschränken, sondern durch Klangvarianten ein Höchstmaß an Ausdruckskraft zu erreichen.

Das Akzentzeichen

Ein Akzentzeichen über einer Note besagt, dass dieser Ton lauter erklingen sollte als die übrigen Töne. Wichtiger als die Lautstärke dieses Tones ist allerdings die Aufmerksamkeit, die Du einer Note mit Akzentzeichen beimessen solltest. Es ist wichtig, dass der akzentuierte Ton im Melodieanschlag gespielt wird, d.h. dass der Finger nach der Tonausführung an der nächst höheren Saite anliegt. Dadurch wird der Ton sehr kräftig.

Die Fermate

Die Fermate ist ein Ruhezeichen über einer Note oder Pause und signalisiert, dass die Klangdauer an dieser Stelle nach eigenem Ermessen zu bestimmen ist.

Linkshänder-Rechtshänder

Rechtshänder greifen mit der linken Hand die Töne. Linkshänder benötigen eine Linkshänder-Gitarre und greifen mit der rechten Hand die Töne. Es gibt auch seltene Fälle in denen Linkshänder in Rechtshänder-Haltung gelernt haben. Prinzipiell ist das möglich, wenn sich keine spieltechnischen Probleme ergeben. Allerdings sollte von Anfang an klar sein, für welche Form sich der Linkshänder entscheidet. Um Verwechslungen zu vermeiden wird in dieser Schule nicht von der linken oder rechten Hand gesprochen, sondern von der *Greif-* und *Anschlaghand*.

Der Fingersatz

Damit Du weißt mit welchem Finger Du drücken bzw. mit welchem Finger Du anschlagen sollst, gibt es die Norm des Fingersatzes.

Bei der *Greifhand* (meist die linke Hand) wird der Fingersatz in Zahlen links neben der Note stehend angegeben.

0= leere Saite 1= Zeigefinger 2= Mittelfinger 3= Ringfinger 4= kleiner Finger

Greifhand

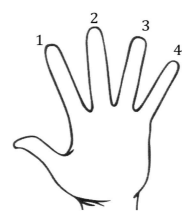

Bei der *Anschlaghand* wird der Fingersatz in Buchstaben angegeben.

P = Daumen i = Zeigefinger m = Mittelfinger a = Ringfinger

Anschlaghand

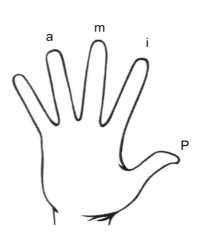

Das Lagenspiel

Als Lage bezeichnet man die Position auf dem Gitarrengriffbrett, welche durch den Zeigefinger (1) vorgegeben wird. In der Notation wird die Lage mit einer römischen Ziffer angegeben. Der vorgegebenen Lage folgt nun eine *Fingersatz-Regel*. In der ersten Lage beispielsweise muss der Zeigefinger alle im Lied oder Übung vorkommenden Töne im 1. Bund spielen, der Mittelfinger im 2. Bund sowie der Ringfinger im 3. Bund. Da sich die C Dur-Tonleiter in der ersten Lage nur bis zum 3. Bund erstreckt, kommt der kleine Finger für den 4. Bund nicht zum Einsatz.

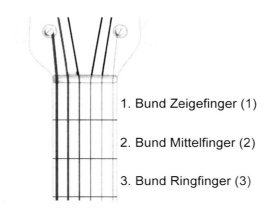

1. Bund Zeigefinger (1)

2. Bund Mittelfinger (2)

3. Bund Ringfinger (3)

Gemäß dieser Fingersatz-Regel müsste der kleine Finger (4) in der I. Lage den 4. Bund bedienen. Im ersten Kapitel dieses Buches wird diese Stellung in der I. Lage nicht verlangt.

Um ein Gefühl für das Lagenspiel zu entwickeln, ist es notwendig den in den Übungen vorgegebenen Fingersatz genau zu befolgen.

Der Lagenwechsel

Beim Lagenwechsel wird die Handstellung dahingehend verändert, dass die Finger sich bei der neu vorgegebenen Lage in die entsprechende Position legen. Beginnen wir beispielsweise ein Stück in der I. Lage und sollen dann in die V. Lage wechseln, muss sich der Zeigefinger im 5. Bund positionieren um dann wiederum die Fingersatz-Regel des Lagenspiels (in der V. Lage) fortzusetzen.

KAPITEL I

Die C Dur-Tonleiter in der I. Lage

Im folgenden Kapitel werden dem Schüler in 6 Lektionen die Töne der C Dur- Tonleiter in der 1. Lage vermittelt. Pro Lektion werden 2-3 Töne behandelt. Die Position des Tons zeigt uns jeweils die Griffbild-Grafik. Die Grafik wird von nun an liegend dargestellt, die tiefe Basssaite befindet sich unten. Neben der Grafik sehen wir die dazugehörige Note.

Übe langsam und fixiere Deinen Blick primär auf das Notenblatt nachdem Du den Ton auf dem Gitarren-Griffbrett sicher bestimmt hast.

Die C Dur Tonleiter im Notenbild

c   d   e   f   g   a   h   c

Lektion 1

Der Ton „g" auf der g-Saite

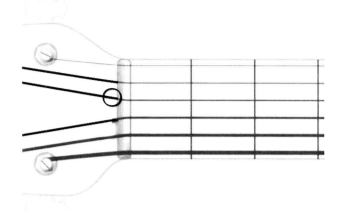 

Der Ton „a" auf der g-Saite im 2. Bund

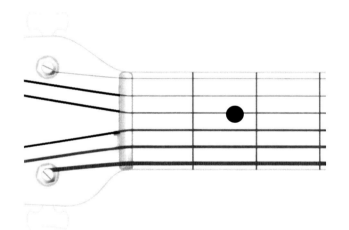 

Der Ton „h" auf der h-Saite

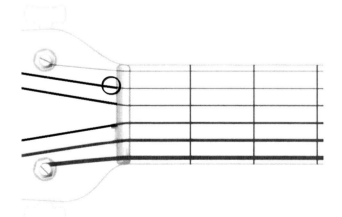 

Die Töne g und h sind leicht zu erzeugen, da es sich um Leersaiten-Töne handelt. Der Ton „a" muss als bisher einziger Ton gedrückt werden. Da wir uns in der ersten Lage befinden, muss der Ton „a" mit dem Mittelfinger (2) gedrückt werden. Bemühe Dich, gedrückte Töne so lange liegen zu lassen wie es geht, da sonst der Spielfluss unterbrochen wird.

Der Wechselanschlag

Mit dem Wechselanschlag (auch Melodieanschlag genannt) spielt man Tonleitern bzw. einstimmige Tonfolgen. Um den Ton zu erzeugen, benötigen wir den Zeigefinger (i) sowie den Mittelfinger (m) der Anschlaghand. Regelmäßig müssen sich die beiden Finger von Ton zu Ton abwechseln. Man nennt diese Anschlagart deshalb auch Wechselanschlag.

Der Zeigefinger berührt die Saite. Durch nach oben ziehen des Fingers wird der Ton erzeugt. Dasselbe geschieht mit dem nächsten Ton durch den Mittelfinger (m). Dann wieder Zeigefinger u.s.w.

Studie 1

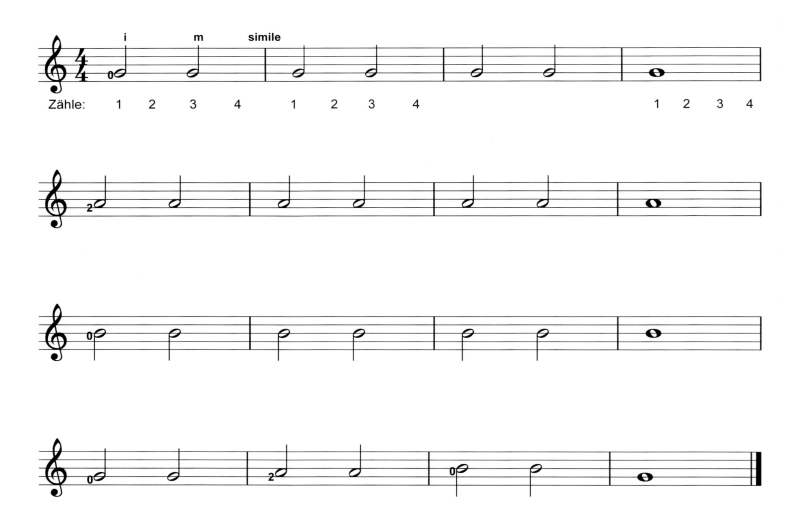

Bemühe Dich gedrückte Töne so lange liegen zu lassen wie es geht, da sonst der Spielfluss unterbrochen wird.

Das Wort „simile" bedeutet im übergeordneten Sinn „weiterführend" und bezieht sich hier auf den Wechselanschlag.

Studie 2

Melodische Studie mit den Tönen g, a, h

Der Blick muss beim Spielen stets auf das Notenbild gerichtet sein. Zum Kontrollieren des richtigen Tons auf der Gitarre muss anfänglich der Blick kurz zur Gitarre gehen, dann zurück zum Notenbild.
Probiere beim Spielen pro Takt konstant und laut von 1 bis 4 zu zählen.

Versuche bei der nächsten Übung, Deinen Blick schon in den nächsten Takt zu bewegen während Du spielst. Diese vorausschauende Spielweise lässt sich sehr gut an „ganzen" Noten üben. Die vorausschauende Spielweise ermöglicht dem Gitarrenspieler, in einen sauber erklingenden Spielfluss zu geraten. Die gestrichelte Linie gibt den Hinweis wie lange der Finger liegen bleiben sollte.

Studie 3

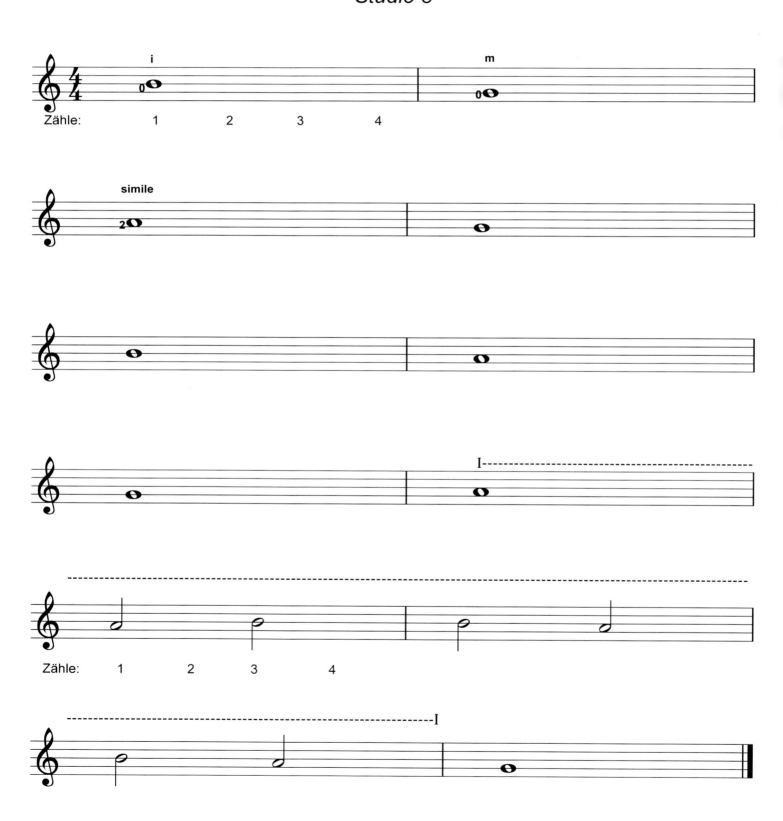

Studie 4

Das erste kleine Lied. Zwinge Dich bitte, den Blick auf das Notenblatt zu richten während Du spielst und beachte stets den angegebenen Fingersatz.

Übe zunächst sehr langsam.

Little Melodie

Studie 5

Die Viertel Pause

Erscheint im Notenbild das Viertel-Pausenzeichen darf an dieser Stelle kein Ton erklingen.

Studie 6

Die Fermate

Die Fermate ist ein über einer Note oder einer Pause stehendes Ruhezeichen. Der Musiker bekommt durch eine Fermate die Möglichkeit den jeweiligen Notenwert, nach eigenem künstlerischen Verständnis auszudehnen. Als Faustregel gilt jedoch der doppelte Wert der Note oder der Pause, über der das Fermate-Symbol steht.

Zähle: 1   2   3   4 ...

Zusammenfassung

Wir lernten die Töne „g", „a", „h" im Notenbild lesen und können diese Töne nun auch auf der Gitarre wiedergeben.
Die Übungen bestehen aus einstimmigen Tonfolgen und werden daher im Wechselanschlag gespielt.
Wir spielen in der I. Lage, was bedeutet, dass der erste gedrückte Ton „a" mit dem Mittelfinger (2) gedrückt werden muss.
Sollten noch Unsicherheiten im Abspielen der Übungen bestehen empfehle ich alle bisherigen Übungen zu wiederholen.
Lernen wir nun weitere zwei Töne der C Dur Tonleiter.

Lektion 2

Wir lernen die Töne c und d

Der Ton „c" auf der h-Saite im 1.Bund

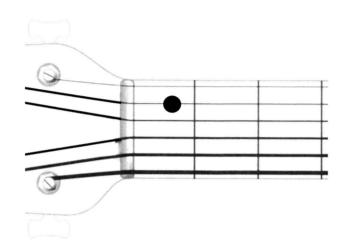 

Der Ton „d" auf der h-Saite im 3.Bund

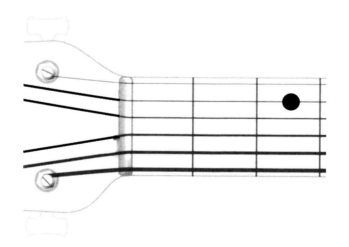 

Bemühe Dich bitte, den Zeigefinger liegen zu lassen während der Ton d (mit dem Ringfinger 3) gespielt wird. Um überflüssige Bewegung zu vermeiden, sollten die Finger generell so lange wie möglich liegen bleiben. Die gestrichelte Linie hilft hier als zusätzliche Orientierung.

Studie 7

Melodische Studie mit den Tönen c und d

Das „liegen lassen" der Finger ist ein sehr wichtiger Bestandteil für ein sauberes Gitarrenspiel. Auch wenn der Ton C ab dem 5. Takt nicht mehr gespielt wird, so soll dennoch der Zeigefinger (1) liegen bleiben während der Ton D mit „3" gespielt wird. Die gestrichelte Linie zeigt wie lange „1" liegen bleiben sollte.

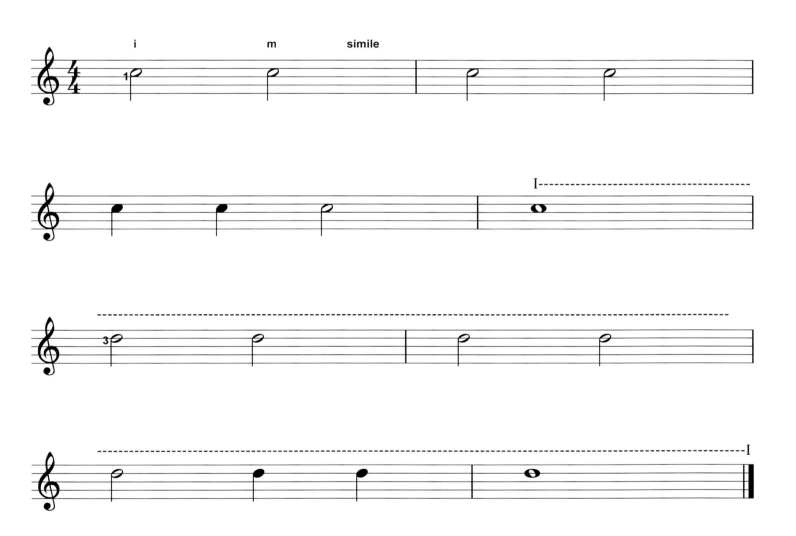

Ist der Fingersatz im Stück gleichbleibend wird er in der Regel nur bei unklaren Fingerstellungen angegeben.

Wir festigen die neuen Töne mit einer weiteren Studie.

Studie 8

Melodische Studie mit den Tönen c und d

Der Zeigefinger sollte über die gesamte Studie hinweg liegen bleiben.

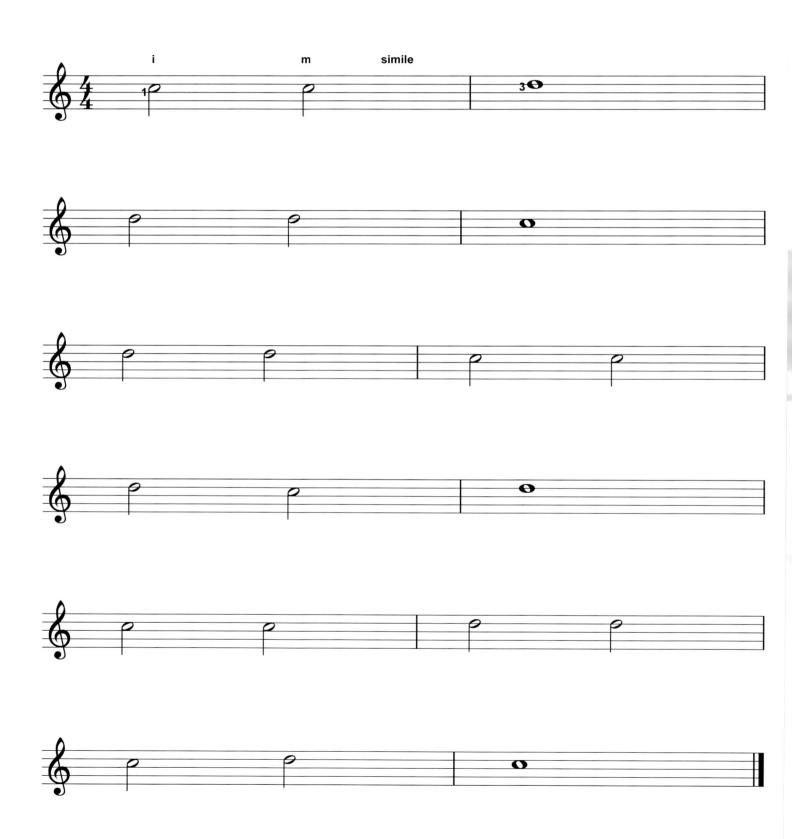

Studie 9

Melodische Studie mit den Tönen h, c, d

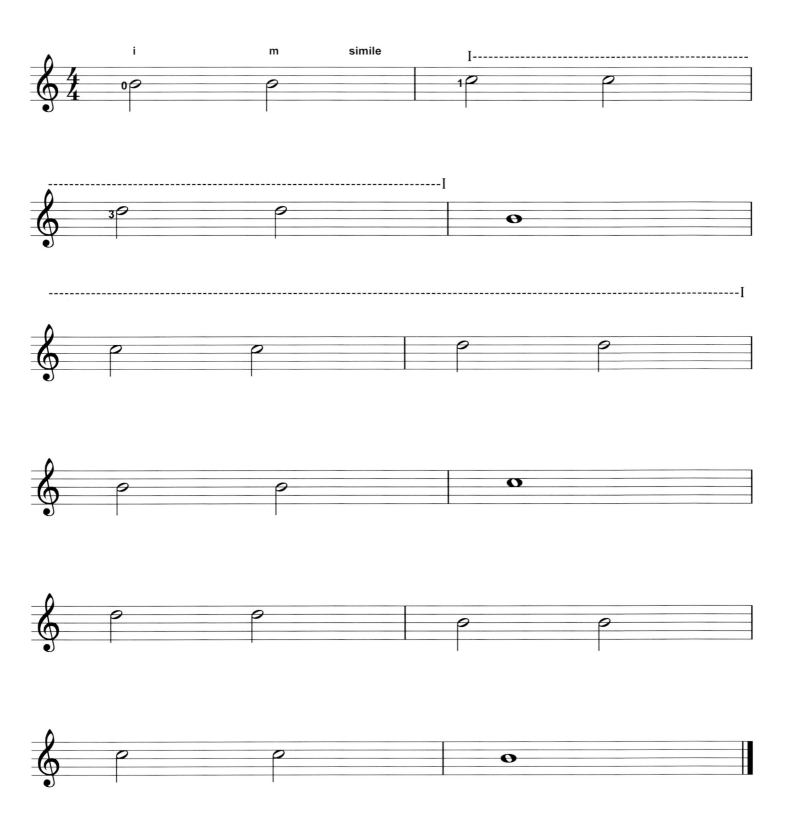

Studie 10

Es ist sinnvoll wie auch spieltechnisch wichtig, gedrückte Töne so lange wie möglich liegen zu lassen aber **auch schon vorbereitend hinzulegen**. In Takt Eins der nächsten Studie kann der im Takt Zwei folgende Ton (c) vorbereitend gedrückt werden.

Melodische Studie 2 mit den Tönen h, c, d

Studie 11

Der bisherige Tonumfang 1

In der nächsten Studie kombinieren wir nun alle bisher gelernten Noten. Du musst im Anfangsstadium sehr genau über die Note nachdenken, welche auf das Griffbrett zu bringen ist. Übe daher zunächst so langsam, dass es Dir möglich ist, die Noten der Reihe nach vom Blatt zu spielen.

Studie 12

Der bisherige Tonumfang 2

Wir steigern den Schwierigkeitsgrad.

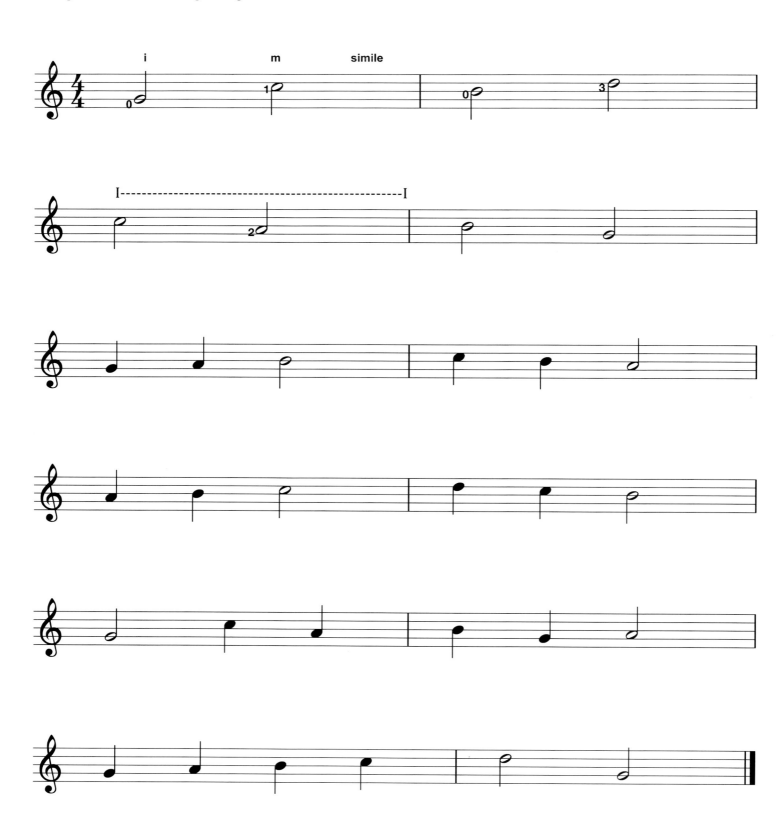

Studie 13

Etüde

Etüden sind harmonisch gestaltete Übungen und behandeln oft eine bestimmte Spielproblematik. Die folgende Etüde sichert den bisher gelernten Tonumfang ab. Kannst Du sie sicher durchspielen, gehe weiter zu Lektion 3.

Lektion 3

Wir lernen die Töne e, f und g. Alle drei Töne befinden sich auf der hohen e Saite.

Der Ton „e" auf der e-Saite

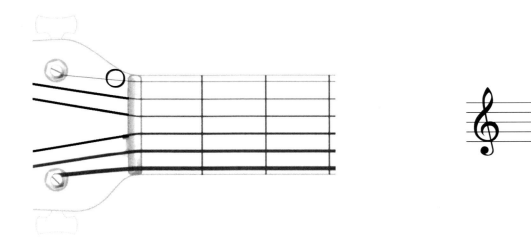

Der Ton „f" auf der e-Saite im 1. Bund

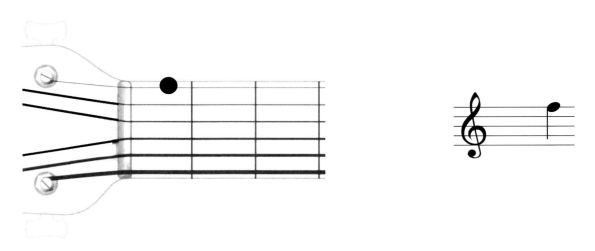

Der Ton „g" auf der e-Saite im 3. Bund

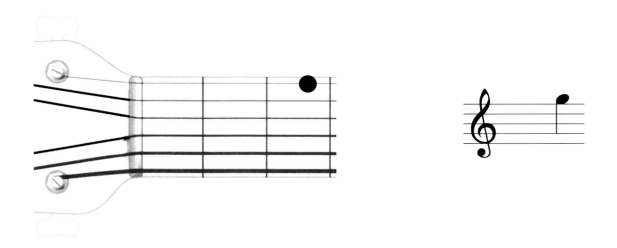

Melodische Studie mit den Tönen e, f, g

In der folgenden Studie trainieren wir ausgiebig die neuen Töne. Als zusätzliche Hilfe sind mehr Fingersätze angegeben als üblich. Beachte sehr die Finger der Greifhand. Sie sollten sich nicht zu früh von der Saite lösen, siehe Strichellinie.

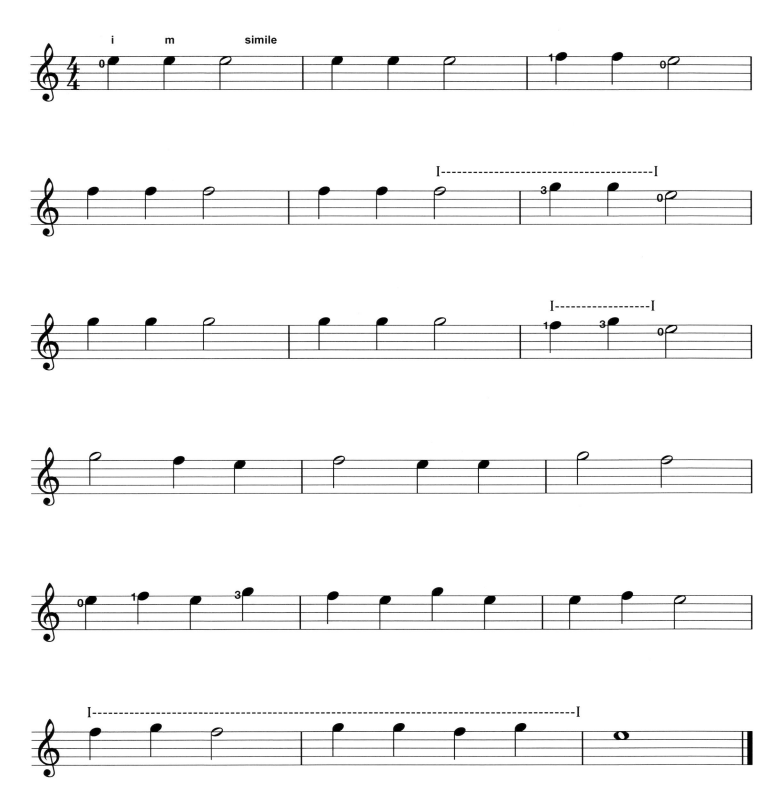

Studie 15

Das Duo

Unter einem Duo versteht man ein Lied für zwei Instrumente. In unserem Fall zwei Gitarren. Mit unserem bisherigen Tonumfang lassen sich schon schöne kleine Duos spielen. Die obere Stimme (1.Stimme) ist jeweils nach der erreichten Spielstärke ausgerichtet. Die untere Stimme (2.Stimme) erfordert unter Umständen einen höheren Kenntnisstand. In diesem Fall ist die 2. Stimme als *Lehrerstimme* gekennzeichnet.
Vorteilhaft wäre es, wenn Du einen Spielpartner für die Duos hättest. Zum Üben kannst du auch die 2. Stimme von den Tutorials auf www.flow-guitar.com nutzen.

Anfangs ist es etwas ungewohnt, eine zweite Gitarre neben sich zu hören, zumal die zweite Gitarre auch andere Töne spielt als man selbst. Es ist wichtig seinen Spielpartner mit einem Ohr zu hören, ohne die Kontrolle der eigenen Stimme zu verlieren.

Wir beginnen mit einem leichten Duo. Dein bisheriger Noten Kenntnis-Stand erlaubt es Dir beide Stimmen zu bedienen. Die Hinweise Git.1, bzw. Git.2 bedeuten Gitarre 1 sowie Gitarre 2. In der Regel findet sich in der oberen Stimme die Hauptmelodie, welche von der 2. Stimme unterstützt wird.

Ein Duo erkennt man daran, dass die Notensysteme durch eine Linie verbunden sind. Im weiteren Verlauf dieser Schule wird auf den zusätzlichen Hinweis Git.1, Git.2. verzichtet.

Studie 16

Der 3/4 Takt

Im 3/4 Takt zählen wir pro Takt bis zur drei, was einem Walzercharakter entspricht.

The Little Waltz

C.K.

Studie 17

Die Achtel-Note

Die Achtel-Note trägt zu ihrer Erkennung ein Fähnchen an ihrem Hals. Folgen mehrere Achtel-Noten hintereinander, verbindet man sie mit einem Balken. Die Zählzeit zu einer Viertel Note halbiert sich, weshalb wir als Hilfe die Silbe „und" (geschrieben als"+") in die Zwischenräume der Viertel einfügen.

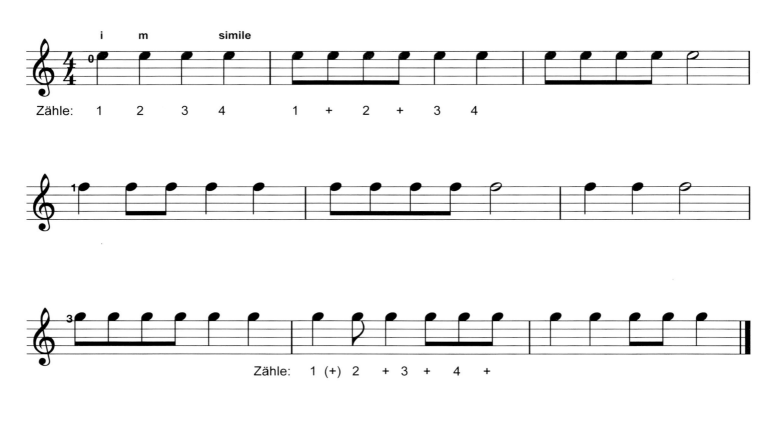

Die achtel Pause

Ohne Zählen wird es anfangs nicht gelingen. Kehre auch bei weiterem Voranschreiten, immer wieder zu der folgenden Übung zurück.

Studie 18

Die punktierte Note

Eine punktierte Note erkennt man an dem kleinen Punkt, den sie neben sich trägt. Sie hat den Effekt, dass sich ihre Klangdauer um die Hälfte ihres Wertes verlängert. Eine punktierte Viertel-Note verlängert ihre Klangdauer folglich um eine Achtel. Es empfiehlt sich die Noten erst einmal zu klatschen. Versuche als erstes die Takte konstant mit Hinzunahme der Silbe „und" (+) durchzuzählen um dann die Noten an der richtigen Stelle platziert zu klatschen bzw. zu spielen.

Studie 19

Andante

Fernando Sor

Studie 20

Melodische Achtel-Notenstudie

Achte zunehmend mehr auf Deinen Anschlag. Zeigefinger (i) und Mittelfinger (m) müssen sich pro Note regelmäßig abwechseln.

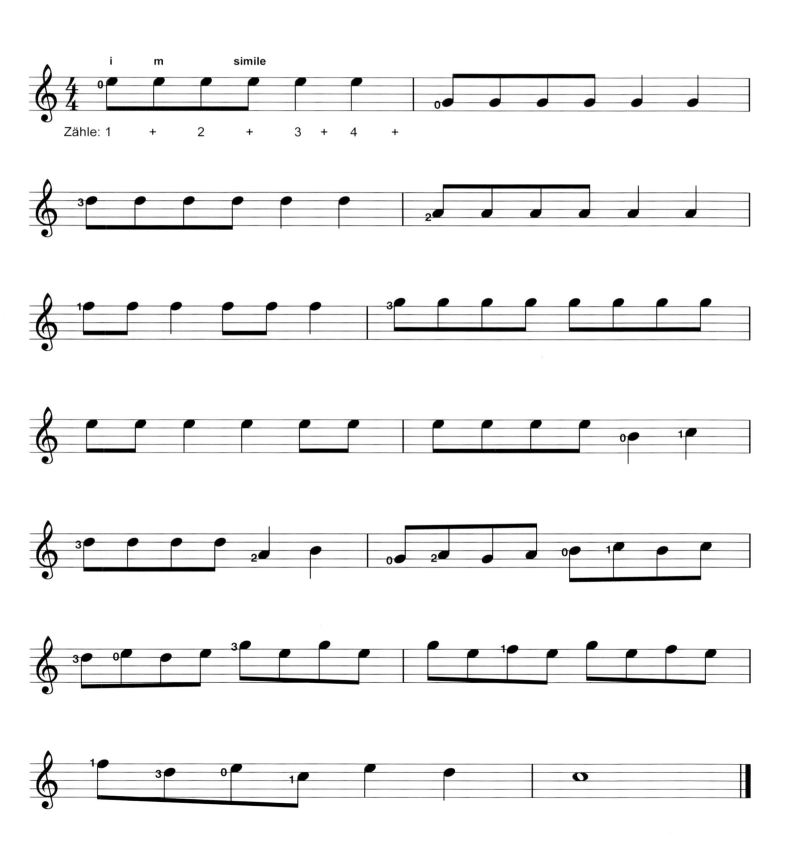

Lektion 4

Wir lernen die Töne d, e und f. Alle drei Töne befinden sich auf der d Saite.

Der Ton „d" auf der d-Saite

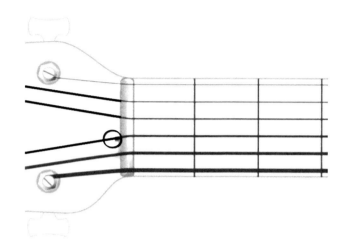 

Der Ton „e" auf der d-Saite im 2. Bund

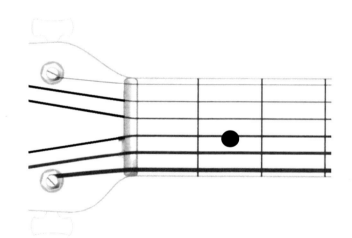 

Der Ton „f" auf der d-Saite im 3. Bund

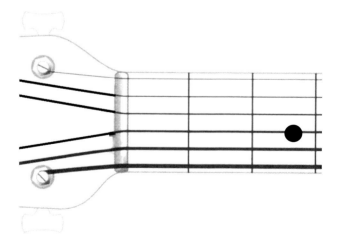 

Studie 21

Melodische Studien mit den Tönen d, e, f

Fixiere Deinen Blick immer auf das Notenblatt. Spiele so langsam, dass Du die Noten beim Spielen verfolgen kannst. Bemühe Dich die Greifhand so zu lagern, dass die Finger „2" und „3" nur fallen müssen um die Töne „e" oder „f" zu erzeugen.
Achte auf die gestrichelte Linie bzw. darauf über den gesamten Verlauf dieser Linie den Mittelfinger liegen zu lassen.

Studie 22

Durch eine weitere Studie sichern wir die neuen Töne „d", „e", „f" ab. Im folgenden Duo spielt die obere Stimme überwiegend die neuen Töne während in der 2. Stimme gewohnte Noten erscheinen.

Studie 23

Der Haltebogen

Ein Haltebogen verbindet Noten auf der selben Linie bzw. im selben Zwischenraum und hat die Bedeutung: Halte diese Note den gemeinsamen Zeitwert lang aus, ohne sie erneut anzuschlagen. Weiterhin ist zu beachten, dass die Finger nicht zu früh den gedrückten Ton verlassen.

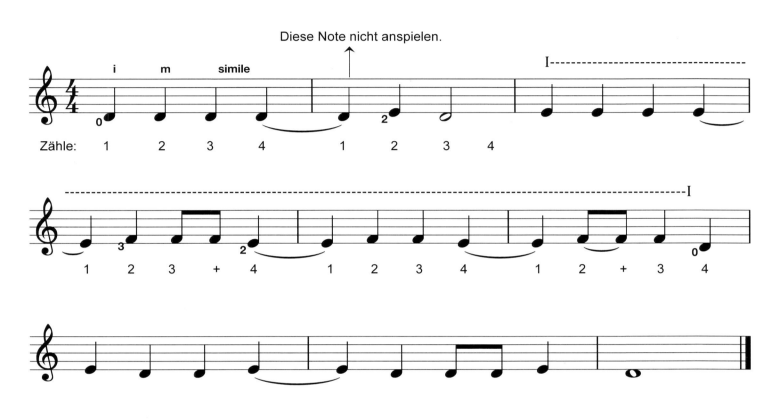

Der bisherige Tonumfang

Die Zahl im Kreis gibt an auf welcher Saite der Ton erzeugt werden soll, wobei zu berücksichtigen ist, dass von der hohen e Saite aus aufwärts gezählt bzw. nummeriert wird.

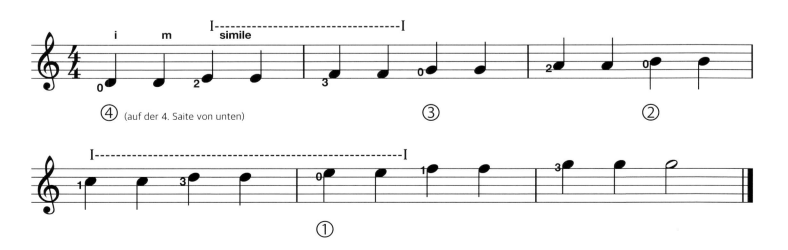

Studie 24

Melodische Tonleiterstudie in Sequenzen

Die folgende Studie ist eine Tonleiter-Studie, welche sich von Takt zu Takt in einer gleichmäßigen Form von der tiefen in die hohe Tonhöhe arbeitet. Diese gleichmäßigen Tonschritte bezeichnet man auch als Sequenzen. Achte immer wieder darauf, die gedrückten Töne so lang wie möglich zu halten.

Lektion 5

Wir begeben uns in den Bass-Ton Bereich und lernen nun die Töne „a", „h" und „c". Alle drei Töne befinden sich auf der A Saite.

Der Ton „a" auf der a-Saite

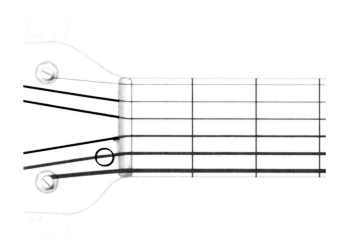 

Der Ton „h" im 2. Bund auf der a-Saite

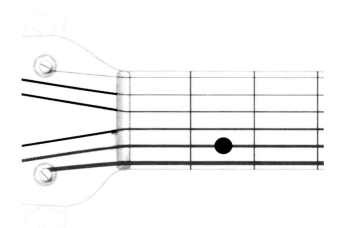 

Der Ton „c" im 3. Bund auf der a-Saite

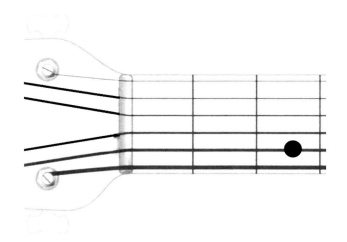 

Studie 25

Melodische Studie mit den neuen Tönen im Daumenanschlag

Bisher spielten wir alle Übungen im Wechselanschlag ohne Anwendung des Daumens. Nun bekommt der Daumen (P) eine Rolle zugeteilt.
In der Regel spielt der Daumen die Basstöne, welche sich über die E, a und d Saite erstrecken.

Versuche ähnlich wie beim Melodieanschlag den Daumen an die nächst darunter liegende Saite heran zu führen.

Studie 26

Melodisches Duo mit dem bisherigen Tonumfang

Die obere Stimme wird ausschließlich im Daumenanschlag (P) gespielt.

Studie 27

Das Wiederholungszeichen und die Klammer

Das Wiederholungszeichen hat die Form eines Schlussstrichs mit zwei Punkten auf derjenigen Seite, in deren Richtung die Wiederholung von einem oder mehreren Takten verlangt wird. Normalerweise wird zu Beginn eines Musikstücks kein Wiederholungszeichen gesetzt, wenn von Anfang an wiederholt werden soll.

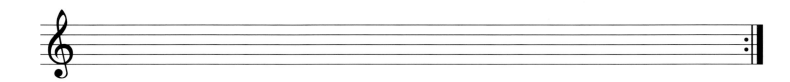

Für den Fall, dass nur ein Teil eines Stückes wiederholt werden soll, muss vor dem ersten Takt des zu wiederholenden Teils ebenfalls ein (nach rechts gerichtetes) Wiederholungszeichen gesetzt werden.

Votenklammern werden eingesetzt, wenn ein Takt oder mehrere am Ende des Wiederholungsteils nach erfolgter Wiederholung übersprungen bzw. durch einen abweichenden Takt ersetzt werden sollen.

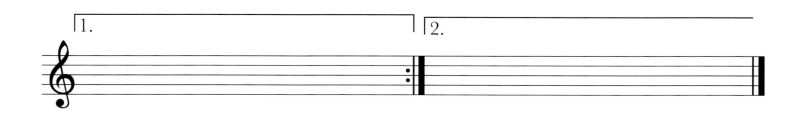

Der Auftakt

Die folgende Studie beginnt mit einem Auftakt. Die zwei Auftakt-Achtel-Noten werden auf den Zählzeiten „4" und „+" gespielt und werden im letzten Takt (vor der Wiederholung) direkt eingesetzt. Der Auftakt wird somit in das Lied eingebunden.

Studie 28

Oh Susanna

Nach der Wiederholung Klammer 1 überspringen.

Zähle: 4   +   1   2   3   4

Nach der Wiederholung direkt ab Klammer 2 spielen.

51

Studie 29

Humming Song

Robert Schumann

In der zweiten Stimme werden nochmals die neuen Töne „a", „h", „c" gefestigt.

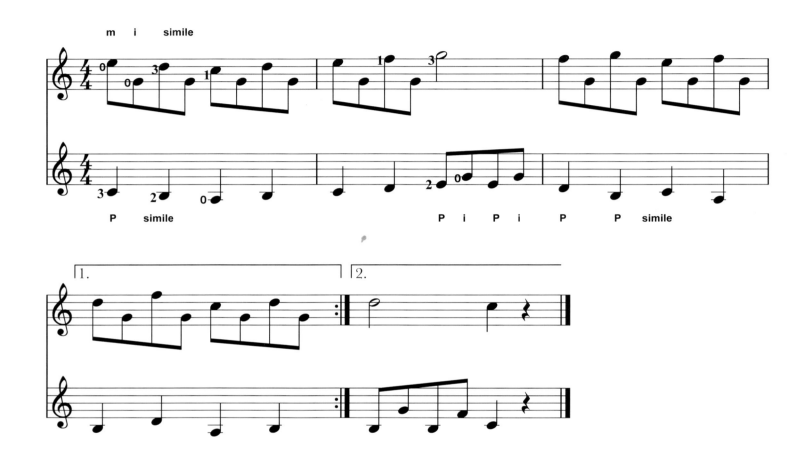

Der bisherige Tonumfang

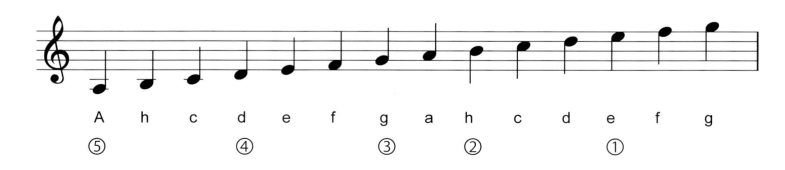

Studie 30

Melodische Studie des bisherigen Tonumfangs

Bevor wir zur nächsten Lektion schreiten, um dort die letzten drei Töne der C Dur Tonleiter in der ersten Lage zu lernen, trainieren wir nochmals den gesamten bisherigen Tonumfang in einer melodischen Studie.

Lektion 6

Wir lernen die Töne „E", „F" und „G". Alle drei Töne befinden sich auf der tiefen E Saite.

Der Ton „E" auf der E-Saite

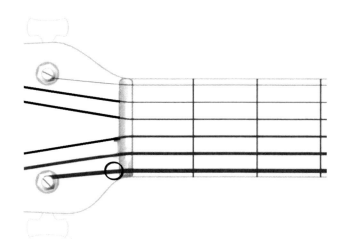 

Der Ton „F" auf der E-Saite im 1. Bund

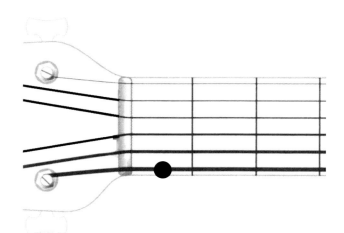 

Der Ton „G" auf der E-Saite im 3. Bund

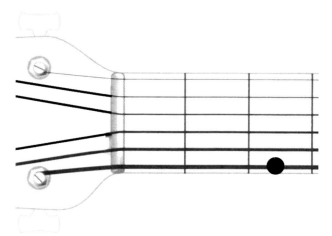 

Studie 31

Melodische Studie mit den Tönen E, F, G

Die nächste Studie umfasst den letzten Tonumfang der C Dur Tonleiter in der 1. Lage. Wir spielen die gesamte Studie mit dem Daumenanschlag.

Studie 32

Bass Walk

Im folgenden Duo spielt die erste Stimme die Bass Töne, die zweite Stimme die gleichen Töne höher klingend. Man nennt diesen Tonabstand *Oktave*.

56

Studie 33

Das Versetzungszeichen und das Auflösungszeichen

Neben den bis hier gelernten Tönen der C Dur Tonleiter existieren in unserem Tonsystem weitere Töne. Diese Töne liegen bei der Gitarre quasi zwischen den C Dur Tönen und werden mit einem Kreuz (♯) oder dem „b" (♭) dargestellt. Auf dem Klavier finden wir diese Töne auf allen schwarzen Tasten. Treten diese Symbole in einem Takt auf, so nennt man sie *Versetzungszeichen*. Finden wir diese Symbole in jeder Notenzeile direkt neben dem Violinenschlüssel, nennt man sie *Vorzeichen*. In diesem Fall deuten sie die jeweilige Tonart an, dessen genaue Bedeutung wir noch in diesem Buch untersuchen werden.

Das Kreuz. Es macht hier den Ton g zum g#.

Das „b" . Es setzt hier den Ton g zum ges hinunter.

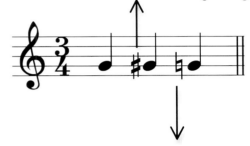

Das Auflösungszeichen. Es macht hier den Ton g# wieder zum g.

Steht kein Auflösungszeichen vor der Note, behält sie für diesen Takt die Versetzung.

Generell gilt:

Versetzungszeichen verändern die Tonhöhe um einen Halbton. Ein Halbton stellt auf der Gitarre einen Bund dar.
Das Kreuz *erhöht* die Note um einen Halbton. Auf der Gitarre spielen wir demnach den Ton mit einem Kreuz einen Bund höher (klingend!).
Töne mit einem Kreuz spricht man mit der Silbe „is" (z.B. Fis).

Das „b" setzt die Note um einen Halbton *hinunter*. Auf der Gitarre spielen wir demzufolge den Ton mit einem b einen Bund tiefer (klingend).
Töne mit einem „b" spricht man mit der Silbe „es" (z.B. Ges).

Das Auflösungszeichen macht die Tonveränderung in einem Takt wieder rückgängig.

Versetzungszeichen die im Takt auftauchen gelten nur in dem Takt in dem sie stehen.

Im folgenden Beispiel wird aus dem Ton F der Ton F# (2.Bund) und löst sich dann wieder zum Ton F auf.

1.Bund 2.Bund 1.Bund

Studie 34

Melodische Studie zur Festigung der Versetzungszeichen

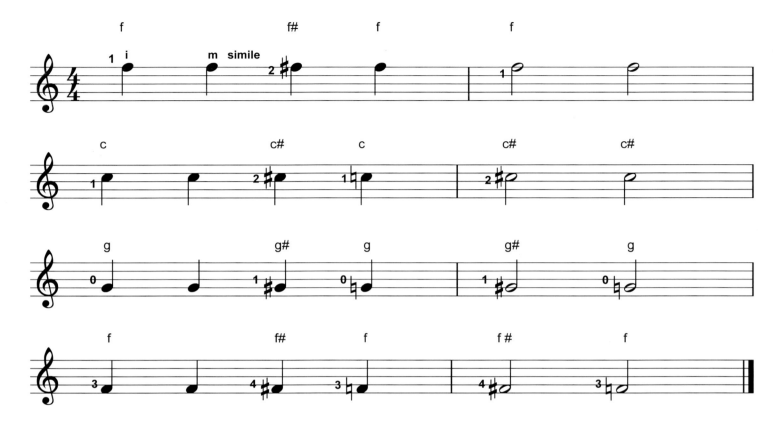

Die enharmonische Verwechslung

Alle Töne außerhalb der C Dur Tonleiter (auch Stammtöne genannt) können wie wir sehen zwei Namen Tragen. Man nennt diese doppelte Namensgebung auch *enharmonische Verwechslung*. In der nächsten Übung wird dies im ersten Takt deutlich. Der Ton „des" unterliegt der enharmonischen Verwechselung mit c#. Man kann auch sagen, „des" und „cis" sind die gleichen Töne.

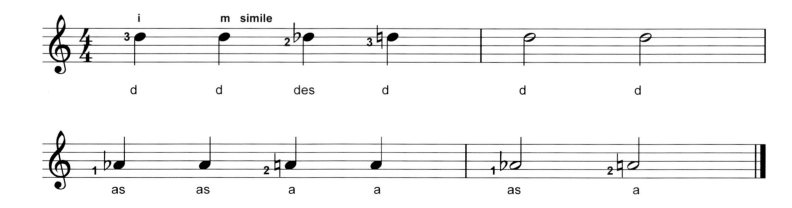

Studie 35

Andante

I. Lage

Dionisio Aguado

KAPITEL II

Das mehrstimmige Gitarrenspiel

In diesem Kapitel lernen wir in langsamen Schritten die Basstöne mit den Melodietönen zu kombinieren. Dies erfordert eine höhere Kontrolle über die Anschlaghand denn nun bekommt der Daumen die Rolle zugeteilt gleichzeitig zum Wechselanschlag (i, m) die Bässe zu erzeugen.

Im Notenbild erkennen wir die Aufforderung zur Bassbegleitung durch den Daumen an einer einführenden Fingersatzangabe wie auch daran, dass die Hälse der Basston-Noten nach unten ausgerichtet dargestellt werden. Die melodieführenden Noten tragen die Notenhälse nach oben und werden mit „i" und „m" (Wechselanschlag) erzeugt.

In der Regel werden akkordische Übungen oder Spielstücke ein-, zwei- oder dreistimmig notiert. Da alle Noten innerhalb eines Taktes (Melodie wie auch Bassnoten) den vorgegebenen Taktwert aufweisen müssen, werden fehlende Töne in jeder Stimme durch entsprechende Pausen ersetzt.

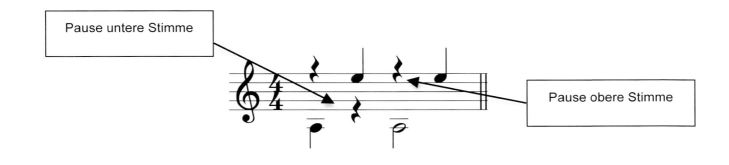

Studie 36

Wechselanschlag mit Basston

Einen stabilen und sicheren Basston erhalten wir, indem wir den Daumen ähnlich wie beim Wechselanschlag von „i" und „m" an die nächste Saite heranführen. Diese Regel gilt allerdings nicht generell.

Studie 37

Leichte Studien

I.

II.

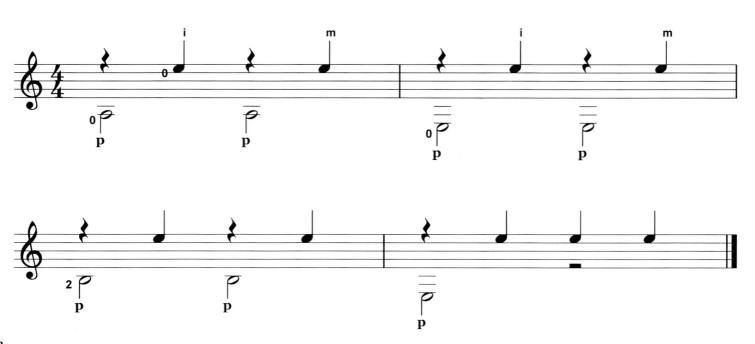

V.

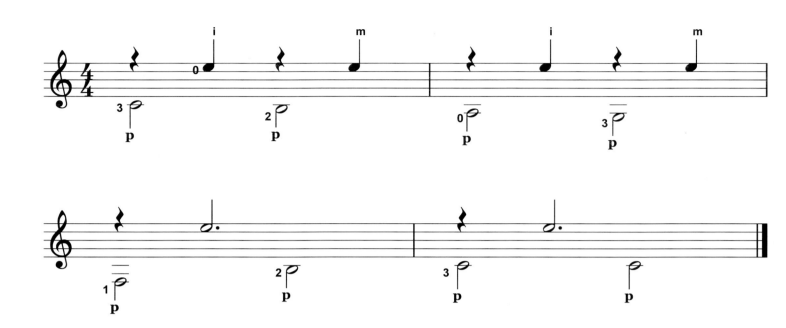

VI.

Studie 38

Achte im folgendem Solo Stück auf die durchklingenden Basstöne. Auch ist das „liegen lassen der Finger"
eine wichtige Notwendigkeit das Stück *schön* klingen zu lassen.

The Dream

C.K.

Studie 39

Mehrere Töne gleichzeitig erzeugen

Stehen Noten übereinander sollen diese gleichzeitig erklingen, d.h. gleichzeitig angeschlagen werden. Die
folgenden Übungen spielen wir mit „P" und abwechselnd „i" und „m". Später wird auch noch der Ringfinger
(a) zur Anwendung kommen.

Zur Tonerzeugung berühren „P" und „m" die entsprechenden Saiten. Ohne die Hand zu bewegen, sollten
nun die Finger so von den Saiten wegbewegt werden, dass sie die Saiten gleich laut zum Schwingen
bringen. Fingernägel sind hier vorteilhaft. Zu beachten ist, dass nur *die Finger* die Bewegung zur
Tonerzeugung   ausüben   während   die   Hand   in   einer   Ruhestellung   bleibt.

Es ist anfangs sehr schwierig die Melodienoten (i, m) an die nächst höher liegende Saite heranzuziehen, wenn gleichzeitig der Bass mit P erzeugt werden soll, weshalb du vorerst von dieser Regel absehen kannst. Die Anschlagstechnik wird sich mit zunehmender Spielpraxis verbessern.

I.

II.

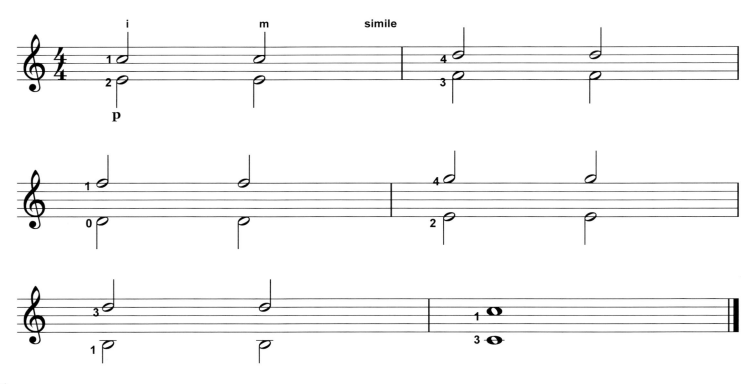

III.

IV.

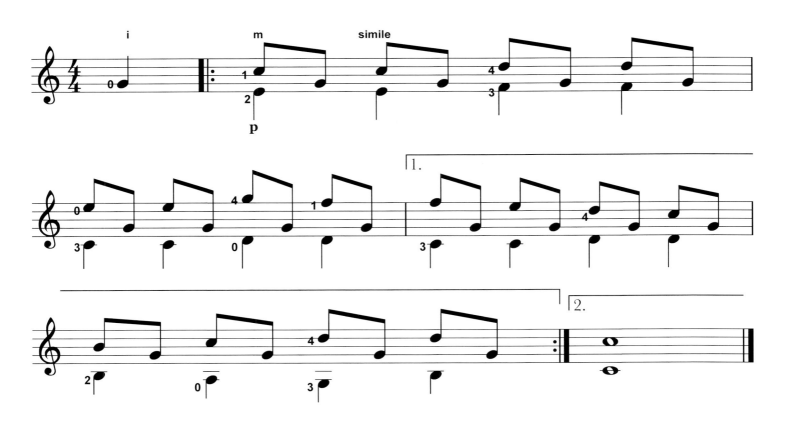

Studie 40

Intervalle

Als Intervall bezeichnet man in der Musiktheorie den Abstand zwischen zwei gleichzeitig oder nacheinander erklingenden Tönen.

Die folgende Studie umfasst ausschließlich Terzen. Eine Terz bildet sich, in dem zum ersten Ton der jeweils dritte Tonleiter-Ton hinzugenommen wird. Spiele die Terzen mit „i" und „m".

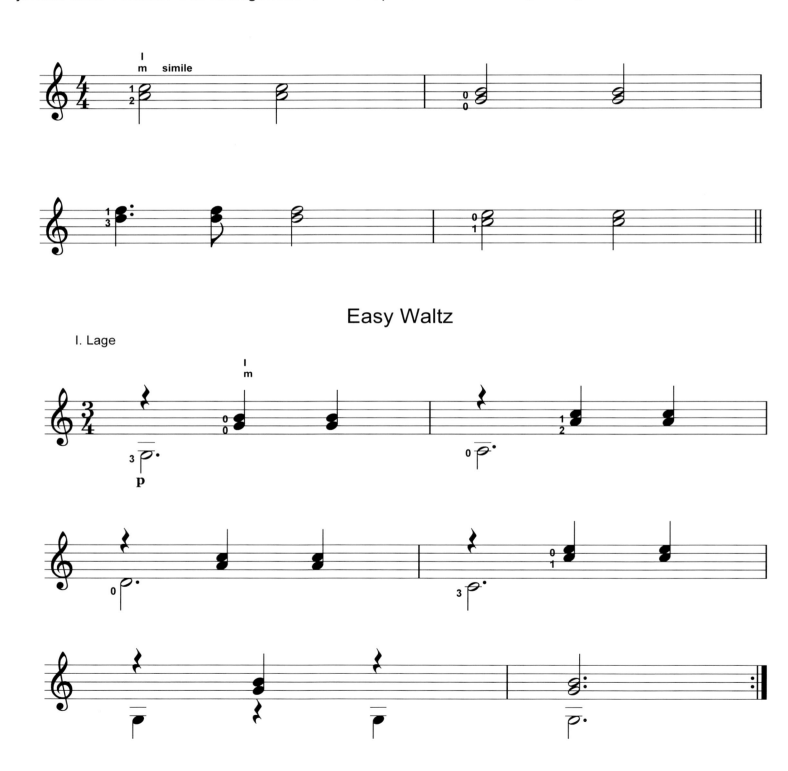

Easy Waltz

Studie 41

Etude Andante

Dionisio Agaudo

Es folgen Solo Stücke. Zum einstudieren sollte man sich Zeit lassen und jeden Takt genau reflektieren.

Studie 42

Etüde Nr.5

Napoleon Coste

Um einen sauberen Spielfluss zu erreichen, ist es wichtig die Töne ihrem Zeitwert gemäß klingen zu lassen, wie auch die Finger nicht unnötig bzw. zu früh von der Saite zu lösen. Durch die wachsende Tonvielfalt müssen wir nun auch immer öfter den kleinen Finger (4) einsetzen.

Studie 43

Technische Studien

C.K.

I.

II.

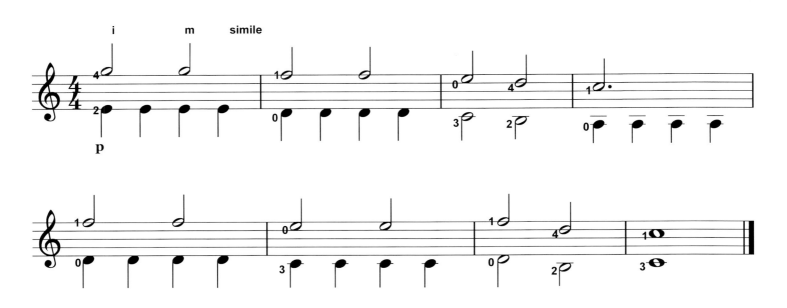

Studie 44

Barré

Barré oder zu deutsch Quergriff ist eine Spieltechnik bei der mit dem Zeigefinger (seltener auch mit Mittel- oder Ringfinger) der Greifhand mehrere Saiten gleichzeitig gedrückt werden.

In der Regel wird die Barré-Anwendung in der Notation durch einen kleinen senkrechten Strich links neben den zu spielenden Barré-Noten gekennzeichnet. Das C mit der daneben stehenden Ziffer verrät den Bund für das Barré. C1 = Barré im 1. Bund.

Kommt es wie im nächsten Beispiel zu der Situation das *in einem Bund* zwei Töne auf unterschiedlichen Saiten gleichzeitig oder unmittelbar hintereinander erfolgen, ist das Barré unausweichlich.

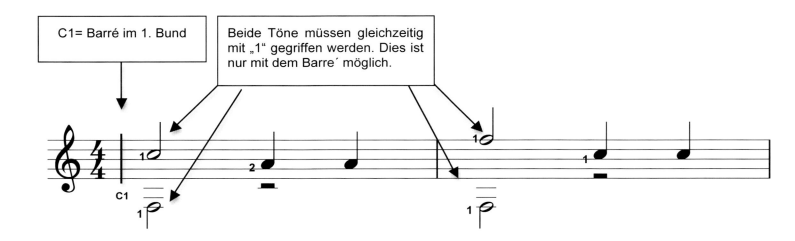

Es erfordert Übung und etwas Zeit die Töne im Barré sauber zum klingen zu bringen. Es ist durchaus normal, wenn sich hier nicht sofort die gewünschte Klangqualität erzielen lässt.

Nicht immer ist es erforderlich ein *großes* Barré über alle Saiten zu legen. Im folgenden Beispiel reicht es ein kleines Barré über zwei Seiten (h und e Saite) zu greifen. In der Regel wird dies auch mit einem kleineren Strich dargestellt.

KAPITEL III

Weitere Tonarten - weitere Lagen

Bisher bewegten wir uns ausschließlich in der Tonart C Dur. Im folgenden Kapitel beschäftigen wir uns mit weiteren „gitarrentypischen" Tonarten.

Weitere Tonarten

Bisher spielten und lernten wir alles in der Tonart C Dur. Das hatte seinen guten Grund, denn in der Tonart C Dur existieren keine *Vorzeichen*, weshalb die Töne der C Dur Tonleiter auch *Stammtöne* genannt werden. Alle weiteren Tonarten tragen Vorzeichen (gleich aussehend wie das Versetzungszeichen), wodurch sich die verschiedenen Tonarten von einander unterscheiden. Am Anfang jeder Notenzeile zwischen dem Violinenschlüssel und der Taktangabe werden die Vorzeichen gesetzt. Am Quintenzirkel (siehe unten), lassen sich die Vorzeichen der **12 Tonarten** gut ablesen.

Es ist darauf zu achten, auf welcher Linie das Vorzeichen steht. Steht beispielsweise ein Kreuz auf der „F" Linie, muss das ganze Lied hindurch generell der Ton F# statt des F gespielt werden, sofern kein Auflösungszeichen diese Regel taktweise aufhebt oder ein Tonartwechsel geschieht.

Der Quintenzirkel

Im Uhrzeigersinn gelesen werden alle zwölf Tonarten im Abstand einer Quinte (Quinte = 5. Ton der jeweiligen Tonleiter) dargestellt. Jede *Dur Tonart* trägt eine *parallele Moll Tonart* mit sich. Die parallele Moll Tonart leitet sich wiederum vom 6. Ton der jeweiligen Tonleiter ab und trägt folglich die selben Vorzeichen, wie ihre parallele Dur Tonart.

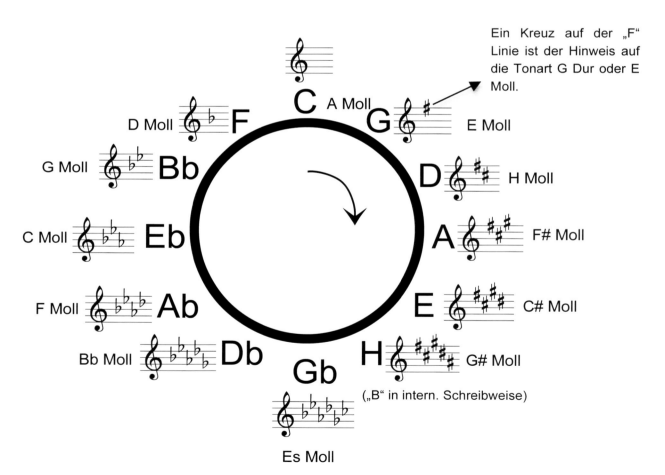

Ein Kreuz auf der „F" Linie ist der Hinweis auf die Tonart G Dur oder E Moll.

Nicht alle der zwölf Tonarten sind für das Gitarrenspiel interessant. Gitarrenliteratur bzw. Stücke werden üblicherweise in Tonarten komponiert, welche sich auf der Gitarre auch gut spielen lassen. Diese wären die gitarrentypischen Tonarten E Dur, F Dur, G Dur, A Dur, C Dur und D Dur sowie deren parallelen Moll Tonarten.

Bisher spielten wir alles in der I. Lage. Durch das kennenlernen neuer Tonarten werden wir nun die I. Lage verlassen und die Finger in neuen Lagen positionieren lernen.

Die II. Lage

II. Lage bedeutet: baue den Fingersatz der Greifhand vom 2. Bund an auf. In guter Gitarrenliteratur wird die Lage mit einer römischen Ziffer angegeben.

Der Zeigefinger bedient in der II. Lage alle Töne im 2. Bund, die bedingt durch die Tonleiter der jeweiligen Tonart dort anfallen. Alle weiteren Finger positionieren sich auf die folgenden aufsteigenden Bünde und spielen ebenfalls in ihrem jeweiligen Bund die gegebenen Töne.

Du wirst feststellen, dass sich Töne auf der Gitarre oft wiederholen. Es sollte daher nicht verwunderlich sein, dass beispielsweise der gedrückte Ton G (im 5. Bund auf der D-Saite), identisch ist mit dem „leeren" G (G Saite).

Studie 45

Die C Dur Tonleiter in der II. Lage

Der erste Ton „c" wird nun in der II. Lage mit dem Mittelfinger (2) erzeugt. Der zweite Ton „d" mit dem kleinen Finger auf der selbigen Saite (A Saite) und so weiter. Es ist sehr darauf zu achten, dass die Finger nicht zu früh hochgenommen werden. Spielst Du beispielsweise nach dem „c" den Ton „d" mit dem kleinen Finger, so soll der Mittelfinger („2" Ton c) dennoch liegen bleiben. Erst beim Saitenwechsel sollten sich dann beide Finger von der Saite lösen. Nur so erreichen wir eine *„gebundene"* Melodieführung was bedeutet, dass die Melodie nicht *„gestottert"*, sondern im sauberen *Spielfluss* erklingt. Auch werden somit überflüssige Bewegungen der Greifhand vermieden.

Die Zahlen im Kreis dienen wieder zur Saitenbestimmung.

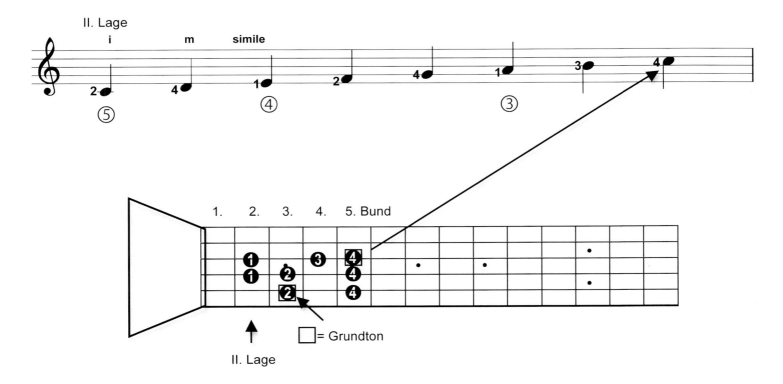

Die C Dur Tonleiter in der V. Lage

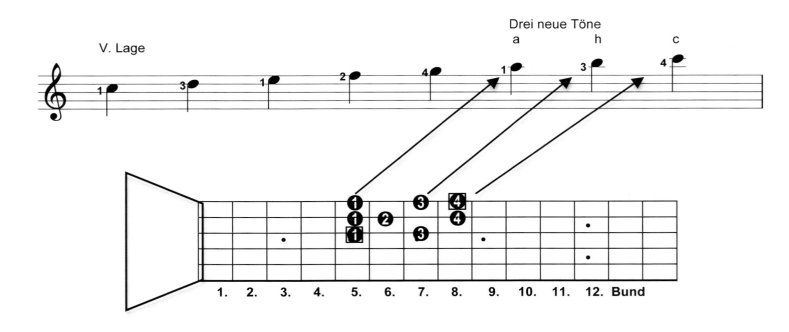

Der Lagenwechsel

Im folgendem Notenbild beginnen wir die C Dur Tonleiter in der II. Lage und folgen dem Fingersatz. Nach der siebenten Note (Ton „h") löst sich die Hand aus der II. Lage und positioniert sich in der V. Lage. Hierfür setzt sich der Zeigefinger im fünften Bund auf die g Saite und folgt wiederum dem angegebenen Fingersatz.

Der Lagenwechsel lässt sich prinzipiell auf jeder Saite anwenden. Es ist bei einem Lagenwechsel darauf zu achten, dass sich der Fingersatz bei der neu angegebenen Lage wieder nach dem Prinzip der Lagenspiel-Technik aufbaut.

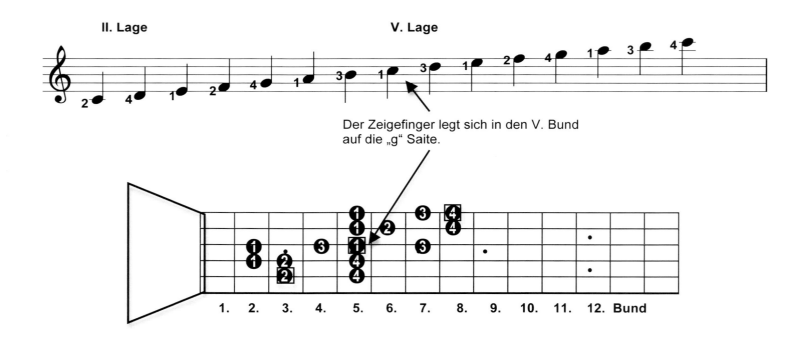

Studie 46

Die Tonart G Dur (E Moll)

Die Tonart G Dur (wie auch ihre parallele Moll Tonart E Moll) trägt ein Kreuz und rahmt die oberste Notenlinie ein. Zu beachten ist folglich, dass in der Tonart G Dur (wie auch E Moll) aus dem Ton F, der Ton F# wird. Dies betrifft alle f Töne in allen Tonhöhen.

In der Umgangssprache heißt es: Die Tonart G Dur wie auch E Moll haben „fis" vorgezeichnet.

Die G Dur Tonleiter in der I. Lage

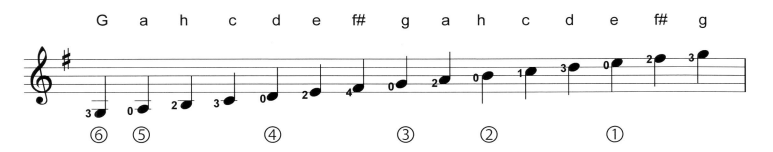

Die G Dur Tonleiter in der I. Lage im Griffbild Diagramm

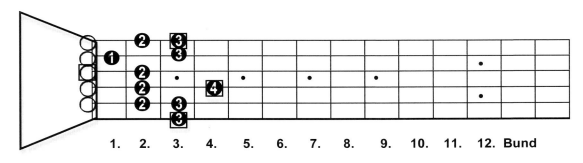

Die G Dur Tonleiter in der II. Lage

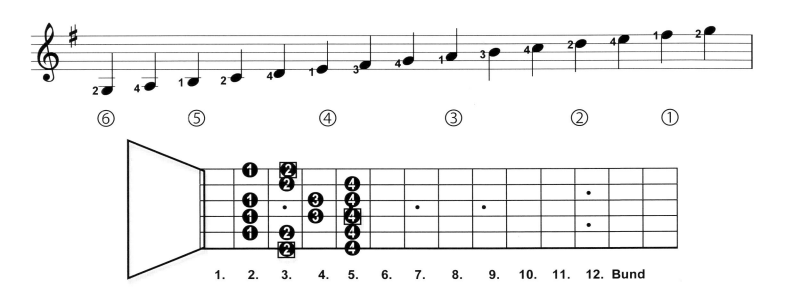

Die Kadenz

Als Kadenz bezeichnet man eine *Akkordfolge,* welche sich vom ersten, vierten und fünften Ton der jeweiligen Tonleiter bildet. Die Kadenz taucht unter anderem häufig am Ende eines Werkes auf um einen Schluss deutlich zu machen.

Um einen *Akkord* zu bilden benötigt man mindestens drei unterschiedliche Töne. Gemäß des Harmoniegesetzes wären dies der Grundton (Prim), die Terz (dritter Ton der Tonleiter, je nach Tonstellung die große oder die kleine Terz) sowie der Quinte (5.Ton der Tonleiter). Einen Akkord aus mindestens drei Tönen bezeichnet man auch als Dreiklang. Dreiklänge bilden die einfachste Form eines Akkordes, weshalb sie auch Grundakkorde genannt werden. Fügt man dem Dreiklang einen weiteren Tonleiterton hinzu, erhält man einen *Vierklang.* Im dritten Takt der folgenden Kadenz sollst Du einen *Vierklang* erzeugen. Zum ersten mal musst Du hier Deinen Ringfinger (a) anwenden. In der Studie „der geschlossene Anschlag" wird die Technik hierfür genauer erklärt.

Kadenz in G Dur

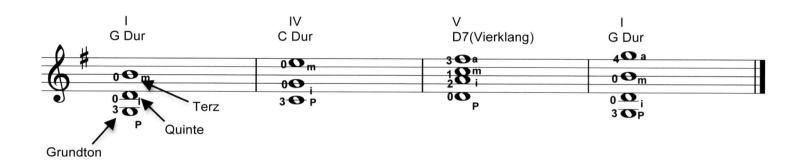

Melodische Studie in G Dur II. Lage

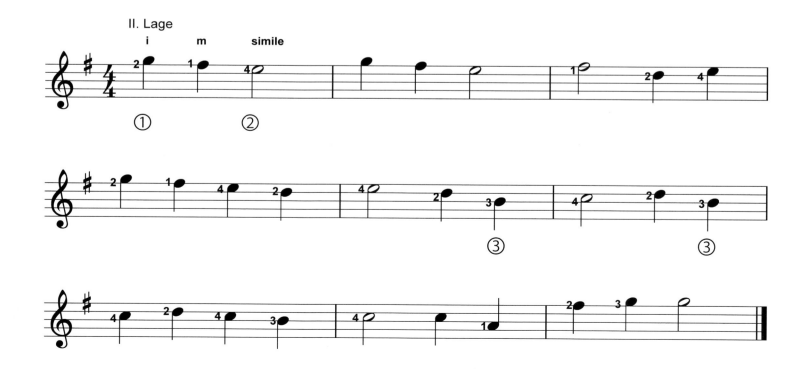

Duo in E Moll I. Lage

Ich steh an deiner Krippe hier

J.S.Bach

Studie 47

Die Tonart D Dur (H Moll)

Die Tonart D Dur (wie auch ihre parallele Molltonart H Moll) trägt zwei Vorzeichen. Aus dem Ton C wird C#, aus dem Ton F wird F#. Die Tonart D Dur hat demzufolge *fis* und *cis* vorgezeichnet.

Die D Dur Tonleiter in der I. Lage

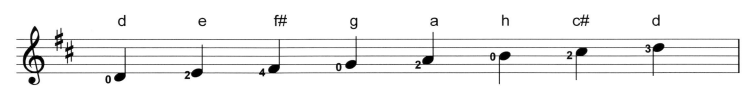

Die D Dur Tonleiter in der II. Lage

Eine Tonleiter muss nicht notwendigerweise mit dem Grundton beginnen. Da wir die gesamte II. Lage nutzen wollen, beginnen wir die folgende Tonleiter mit der *großen Terz* fis.

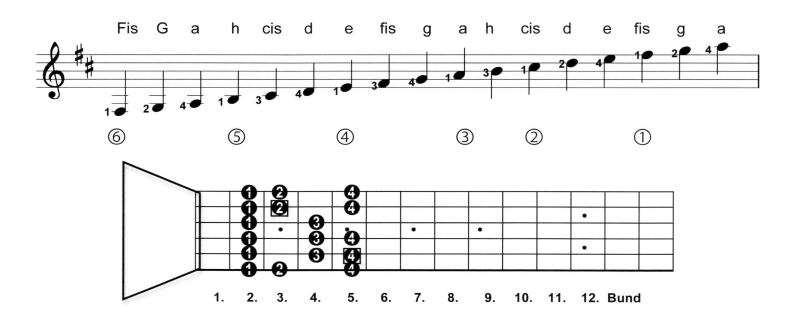

Kadenz in D Dur

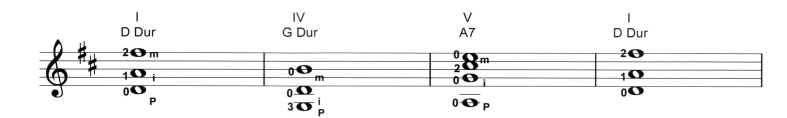

Melodische Studie in D Dur II. Lage

Beachte auch hier, dass sich die Finger der Greifhand nicht zu früh von der Saite lösen.

Etüde

II. Lage

Menuett

Der Ton „e" wie auch andere Leersaiten können, obwohl in II. Lage, auch als leere Saiten in der Fingersatz-Angabe erscheinen. Der Fingersatz sollte prinzipiell so aufgebaut werden, dass kein Finger „springen" muss und sich alle Töne sauber mit einander verbinden lassen.

Robert de Vise

Studie 48

Die Tonart A Dur (Fis Moll)

Die Tonart A Dur (wie auch F# Moll) trägt drei Kreuze. Zu beachten sind die Kreuztöne C#, F# sowie G#.

Die A Dur Tonleiter in der I. Lage

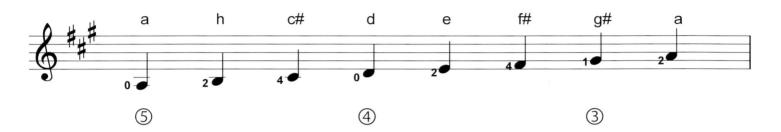

Die A Dur Tonleiter in der II. Lage

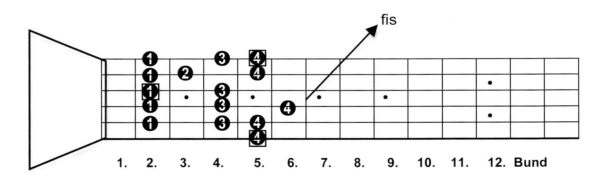

Kadenz in A Dur

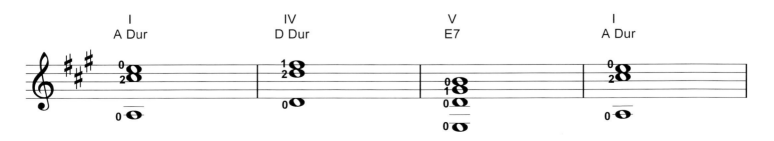

Melodische Studien in A Dur II. Lage

Etüde 1

Etüde 2

Thema in A Dur I. und II. Lage

Mauro Giuliani

Studie 49

Die Tonart E Dur (Cis Moll)

Die Tonart E Dur (wie auch C# Moll) trägt 4 Kreuze. G#, F#, C# sowie D# sind vorgezeichnet.

Die E Dur Tonleiter in der I. Lage

Die E Dur Tonleiter in der IV. Lage

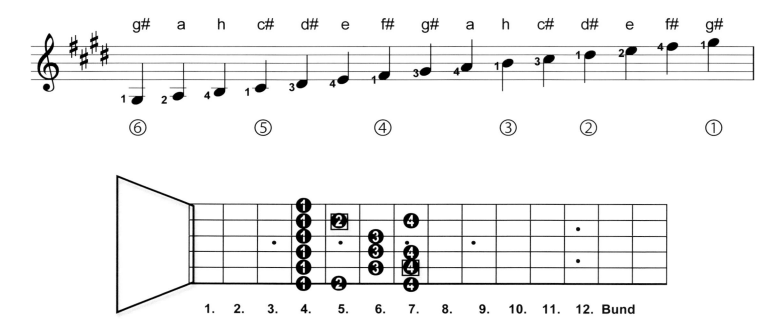

Kadenz in E Dur

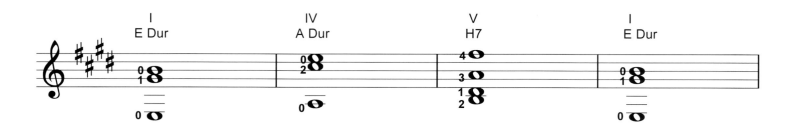

Melodische Studie in E Dur I. Lage

Melodische Studie in E Dur IV. Lage

Duo in E Dur

Moonlight Farewell

C.K.

Studie 50

Die Tonart F Dur (D Moll)

Die Tonart F Dur (wie D Moll) trägt ein b auf der H Linie. Somit wird aus dem Ton „H", der Ton „B".

Die F Dur Tonleiter in der I. Lage

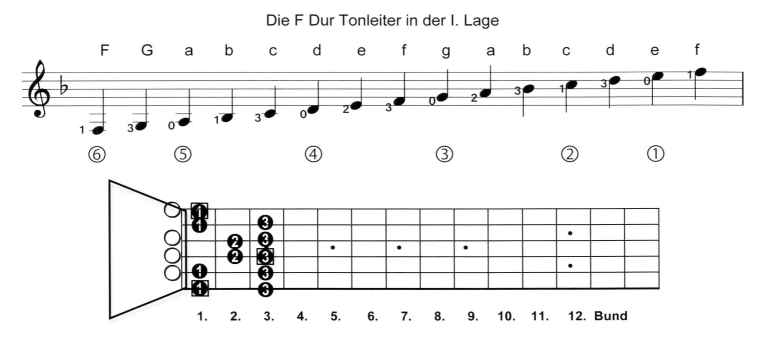

Kadenz in F Dur

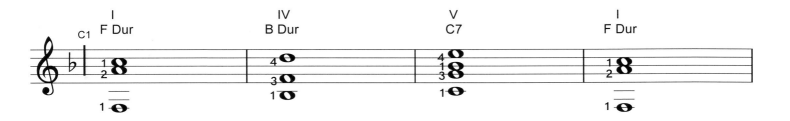

Melodische Studie in F Dur I. Lage

Duo in F Dur

Sentimental Moment

C.K.

Studie 51

Übersicht der Töne auf dem Griffbrett

Die Töne der C Dur Tonleiter, auch Stammtöne genannt.

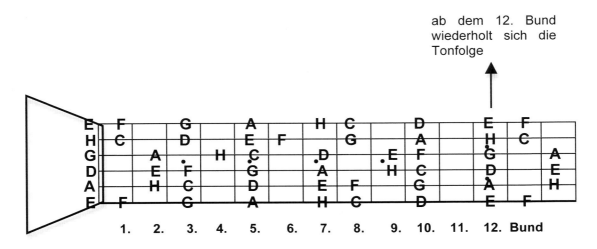

ab dem 12. Bund wiederholt sich die Tonfolge

Unser (abendländisches) Tonsystem baut sich auf einer festgelegten Reihenfolge von 12 Halbtönen auf, auch *Halbtonleiter* oder *Chromatische* Tonleiter genannt. Aus diesen Halbtönen entstehen unsere 12 Tonarten. Bei der Gitarre stellt der Abstand zu einem Halbton *ein Bund* dar. Auf jeder Saite bildet sich die gleiche Reihenfolge der Halbtöne.

Die folgende Grafik zeigt die Töne aufsteigend mit *Kreuz* gelesen, beispielhaft auf der tiefen E Saite.

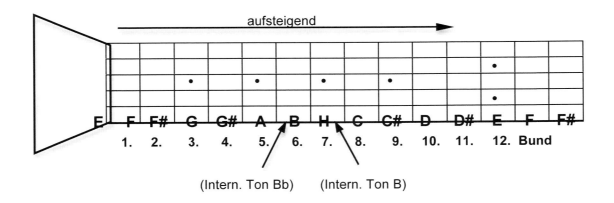

Alle Töne die nicht zur Stammtonleiter gehören lassen sich auf zwei Arten interpretieren. Liest man die Tonfolge aufsteigend, wird der (Vorzeichen)-Ton mit einem *Kreuz* versehen. Liest man sie absteigend, wird der (Vorzeichen)-Ton mit einem *b* versehen. Diese Ton-Zweideutigkeit bezeichnet man als enharmonische Verwechslung (siehe auch S.58).

Die folgende Grafik zeigt die Töne absteigend mit *b* gelesen, beispielhaft auf der G Saite.

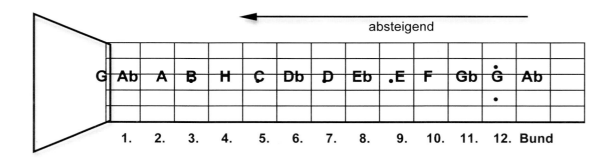

Das Kreuz spricht man mit dem Anhängsel „is" z.B. Cis = C#. Das b spricht man mit dem Anhängsel „es", z.B. Des = Db.

Die Halbtonfolge im Notenbild

Aufsteigende chromatische Tonleiter

Absteigende chromatische Tonleiter

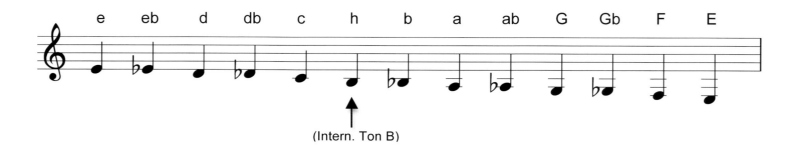

(Intern. Ton B)

Der Ton *H* wird ausschließlich in deutscher Literatur verwendet. In der internationalen Schreibweise wird *H* durch *B* ersetzt. Die meisten elektronischen Stimmgeräte verwenden deshalb auch die Tonbezeichnung *B*.

Fingergymnastik

Übungen mit der chromatischen Tonleiter

Chromatische Tonfolgen eignen sich sehr gut für das „aufwärmen" der Finger, auch *Warm up* genannt. In der folgenden Übung sollten sich die Finger erst im letzten Moment vor dem Saitenwechsel von der Saite lösen.

I.

II.

Jede erste Note im Takt ist mit dem Akzentzeichen versehen. Spiele diese Noten kräftiger.

Studie 52

Die Sechzehntel-Note

Zu ihrer Erkennung trägt die Sechzehntel-Note zwei Fähnchen oder ist mit Doppelbalken verbunden:

Wir lernten bereits: um ein Musikstück auch in rhythmischer Hinsicht richtig spielen zu können ist es wichtig, dass man die Klangdauer der einzelnen Töne durch Zählwerte bestimmt. Erst durch ständiges „Auszählen" der Takte ist es später möglich, auch ohne Hilfe des Zählens die Notenwerte im richtigen Verhältnis zueinander spielen zu können.

Da sich bei der Sechzehntel-Note die Klangdauer nochmals verkürzt, müssen wir noch mehr Silben als „Zähl-Hilfe" einbeziehen.

Sechzehntel-Noten-Studie

Bei anfänglichen Schwierigkeiten ist es ratsam die Noten bzw. Takte erst einmal rhythmisch zu klatschen.

Studie 53

Verzierungen

Ausschmückungen einer Melodie, gekennzeichnet durch kleine Nebennoten oder besondere Zeichen, werden als Verzierungen bezeichnet.

Von weniger gebräuchlichen Formen unterscheidet man:

Vorschlag
Pralltriller
Mordent
Doppelschlag
Triller

Es ist bei der Ausführung der nachfolgenden Verzierungsbeispiele darauf zu achten, dass der rhythmische Ablauf nicht verändert wird.

Der Vorschlag

Der *Vorschlag* kann abwärts wie aufwärts erfolgen. Abwärts erzielt man diese Verzierung indem man die erste Note anschlägt und dann den *darunter* liegenden Ton durch Abziehen des Fingers zum Erklingen bringt. In moderner Ausdrucksweise auch „Pull off" genannt. Aufwärts erzielt man diese Verzierung indem man die erste Note anschlägt und dann den *darüber* liegenden Ton durch Aufschlagen des Fingers zum Erklingen bringt. In moderner Ausdrucksweise auch „Hammer on" genannt. Gekennzeichnet wird diese Verzierung durch einen Bogen (Bindebogen), der die Vorschlag-Noten miteinander verbindet.

Vorschlag abwärts (Pull off)

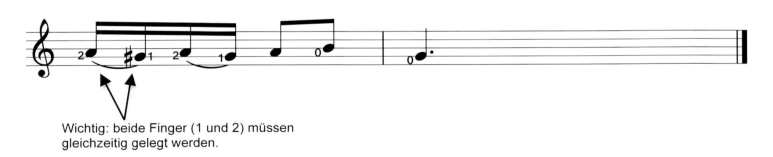

Wichtig: beide Finger (1 und 2) müssen
gleichzeitig gelegt werden.

Vorschlag aufwärts (Hammer on)

Im nachfolgendem Duo kommt die Vorschlag-Verzierung zur Anwendung.

Petite Piece

Wolfgang Amadeus Mozart

Der Pralltriller

Den Pralltriller erkennt man an zwei kleinen Nebennoten vor der Zielnote. Wie beim Vorschlag erzeugen wir diese Verzierung durch ein schnelles Aufschlagen (Hammer on) und Abziehen (Pull off) des Fingers. Der Ablauf des Pralltrillers ist so schnell, das man ihn nicht auszählen kann. Allein die Zielnoten dienen der rhythmischen Orientierung. Kommt der Pralltriller in einem Stück vor, so kann man ihn zunächst auch unbeachtet lassen, denn er dient der Verschönerung bzw. Aufwertung eines Liedes und ist kein „Muss".
Wichtig ist, dass beim Pralltriller die nächst *höhere* Leiter-Note für diese Verzierung benutzt wird, welches im wesentlichen den Unterschied zum *Mordent* darstellt.
Spiele die folgende Melodie zunächst ohne Pralltriller. Konzentriere Dich dann darauf vor der Zielnote eine schnelle Aufschlag- und Abziehbewegung mit den klein angegebenen Noten zu erzeugen.

Auch eine verkürzte Schreibweise ist üblich. Das Symbol ersetzt die Nebennoten.

Der Mordent

Der Mordent ist im selben Stil wie der Pralltriller angelegt. Auch beim Mordent finden wir zur Erkennung dieser Verzierung zwei kleine Nebennoten neben der nächsten Tonleiter-Note bzw. Zielnote. Es besteht einzig der Unterschied, dass beim Mordent zur nächst- *tieferen* Note abgezogen wird um dann mit einem Aufschlag (Hammer on) die Zielnote zu erzeugen.

Verkürzte Schreibweise:

Die Verzierungen Pralltriller wie Mordent finden wir sehr häufig in Musikstücken des barocken Zeitalters, weshalb ich an dieser Stelle gern Lernwerke von Komponisten aus dieser Zeit empfehle. Die Periode der Barockmusik erstreckt sich vom Beginn des 17. bis etwa zur Mitte des 18. Jahrhunderts. Zu den bekanntesten Vertretern gehören unter anderem Johann Sebastian Bach, Friedrich Händel, Antonio Vivaldi, Georg Philipp Telemann.

Der Doppelschlag (Gruppetto)

Der Doppelschlag wird mit dem Symbol ∾ gekennzeichnet. Der Doppelschlag verziert einen Ton mit vier Nebentönen.

Schreibweise

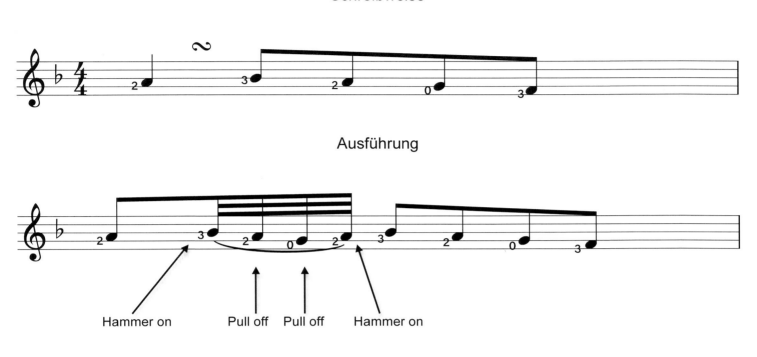

Ausführung

Der Triller

Über die Dauer der Hauptnote hinweg werden in einem sehr schnellen Wechsel zwischen der notierten Hauptnote und dem *darüber* liegenden Tonleiter-Ton (mit Hammer on und Pull off) gespielt.

Schreibweise

Ausführung

Diese Trillerform ist seit Mitte des 18. Jahrhunderts üblich. Im Barock war es üblich den Triller mit dem höheren Ton zu beginnen.

KAPITEL IV

Das Akkord-Spiel
Die Präludien-Technik
Die Musikepochen

Das Akkord-Spiel

Gruppen von mehr als zwei Tönen, die gleichzeitig oder hintereinander angeschlagen werden, bezeichnet man als Akkorde. Folgende vier Grundregeln sind beim Akkordspiel zu beachten:

1.

Besteht ein Akkord aus nur drei Tönen, so sind die entsprechenden Saiten mit dem Daumen, dem Zeigefinger und dem Mittelfinger anzuschlagen. Erst wenn der Akkord aus vier oder mehr Tönen besteht, wird auch der Ringfinger (a) verwendet. Der kleine Finger kommt in der Klassik nicht zur Anwendung.

2.

Töne deren Notenhälse nach unten zeigen werden grundsätzlich mit dem Daumen angeschlagen. Diese Regel gilt jedoch nur für das Akkordspiel!

3.

Der Daumen schlägt so an, dass er nach dem Anschlag in einer halbkreisförmigen Bewegung über die nächste höhere Saite hinweggeführt wird. Die zweite Anschlagform, wobei der Daumen nach dem Anschlag auf der Nachbarsaite anlegen muss, wird nur angewendet, wenn eine Bass-Melodie hervorgehoben werden soll.

4.

Die Finger der Greifhand, welche die entsprechenden Akkordtöne greifen, bleiben immer so lange liegen, bis der letzte Akkordton angeschlagen worden ist. In der Regel werden Akkord-Übungen oder Spielstücke ein-, zwei- oder dreistimmig notiert.

Die Haltung der Anschlaghand beim Akkordanschlag

Beim Akkordanschlag werden die Finger leicht gekrümmt und nach dem Anschlag über die nächsttiefere Saite hinweggeführt.
In der Regel sollte der Zeigefinger (i) die g-Saite, der Mittelfinger (m) die h-Saite und der Ringfinger (a) die e-Saite bedienen.

Das Präludium

Präludien wurden im Barock wie auch in späterer Zeit zur Konzerteröffnung genutzt. Das Präludium zeichnet sich durch *Akkordzerlegungen* aus, die meist in gleichmäßig gespielten Achtel- oder Sechzehntel-Figuren erscheinen. Einen Akkord zu zerlegen bedeutet, dass die Töne des Akkordes nicht gleichzeitig, sondern hintereinander erfolgen. Bei einem Präludium steht also weniger eine Melodie als mehr der Spielfluss der gezupften Akkorde im Vordergrund.

Ausführung:

Versuche eine ruhige Bewegung in die Anschlaghand zu bringen. Die Finger der Anschlaghand dürfen nun nicht wie beim Melodie-Anschlag an die nächste Saite herangeführt werden, sondern müssen leicht von der Saite weggeführt werden (Zupfen).

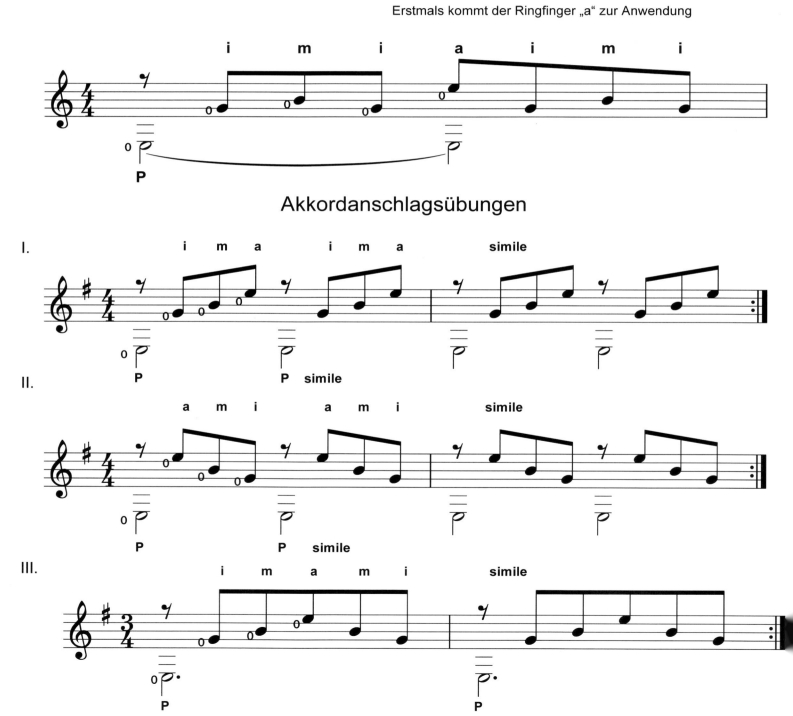

Erstmals kommt der Ringfinger „a" zur Anwendung

Akkordanschlagsübungen

Studie 54

Easy Präludium in E Moll

C.K.

Präludium in A Moll

Die positionierten Finger dürfen sich erst von den Saiten lösen, wenn eine neue Notenvorgabe gegeben ist. Aus den gedrückten Tönen ergeben sich Gitarren-Akkorde.
Die erste Notenzeile umspielt den Akkord A Moll. Die zweite Zeile den Akkord D Moll, die dritte Zeile den Akkord E Dur.

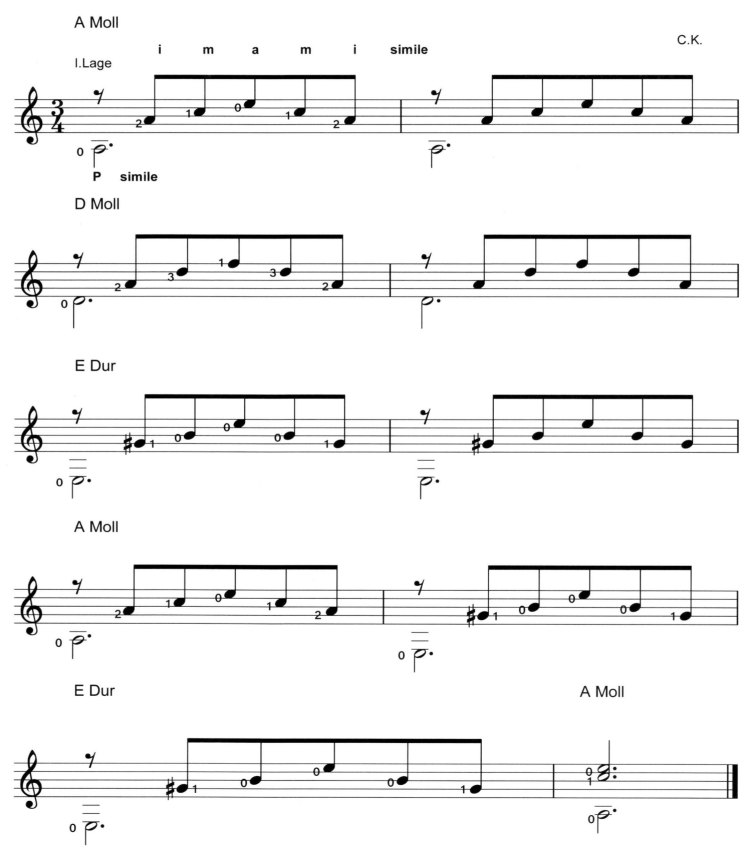

Präludium mit Melodieführung

Im nachfolgenden Präludium sollen alle mit Akzentzeichen versehenen Töne, hervor gehoben werden. Wir erreichen dies indem der jeweilige Finger an die darüber liegende Saite heran gezogen wird.

Modern Präludium E Moll

C.K.

Präludium in D Dur

C.K.

Studie 55

Der geschlossene Anschlag

Bei dem geschlossenen Anschlag spielen alle Finger der Anschlaghand inklusive Daumen die angegebenen Töne/Noten gleichzeitig an. Wieder ergeben sich Gitarrenakkorde.

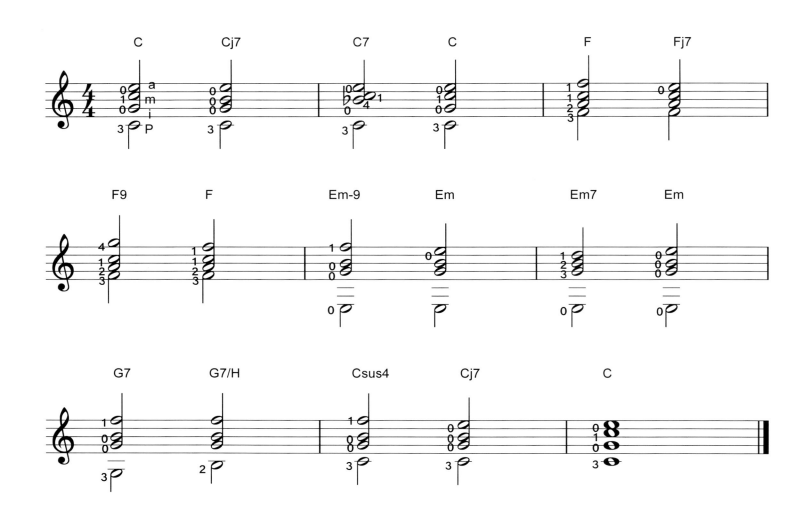

Musikepochen

Als Epoche bezeichnet man in der Musik einen Zeitabschnitt, in dem stilistische Gemeinsamkeiten herrschten. Wichtige Epochen für die Gitarrenmusik bzw. Lautenmusik sind:

> Musik des Mittelalters (8.-15.Jahrhundert)
> Renaissance (15.und 16.Jahrhundert)
> Barock (16.Jahrhundert bis 1750)
> Klassik (ca.1730-1850)
> Romantik (19.Jahrhundert)
> Neue Musik/Moderne (20.und 21.Jahrhundert)

Bevor sich die Gitarre im ca.18. Jahrhundert etablierte wurde auf der Laute musiziert.

Spätes Mittelalter

Bransle für drei Gitarren

Pierre Attaignant 1530

Renaissance

Paradetas

Gaspar Sanz 1670-1710

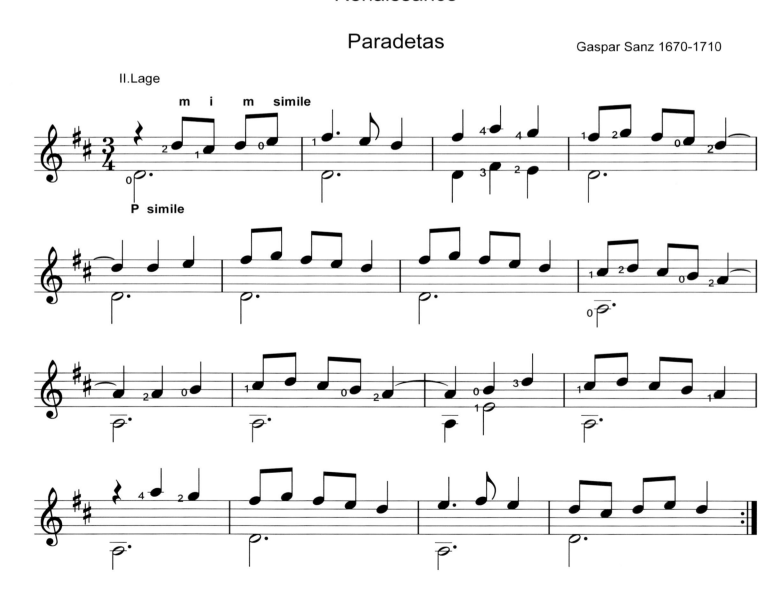

Barock

Menuett

Johann Sebastian Bach
1685-1750

Klassik

Etüde op. 44,3

Fernando Sor
1778-1839

Romantik

Humming Song

I.Lage

Robert Schumann
1810-1848

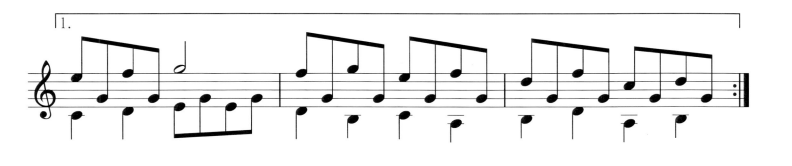

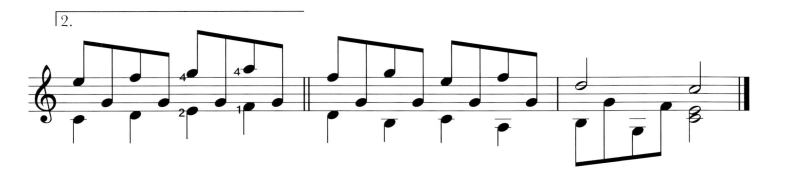

Die Moderne

Romantic Dream

C.K.

Die kleine Reise durch die Epochen zeigt deutlich die Entwicklung in der Gitarrenmusik. Die Meister des Barock sahen ihr musikalisches Schaffen noch als die Ausübung eines Handwerks. Während in dieser Epoche noch sehr „mechanisch" musiziert wurde hebt sich diese Spielweise in die Zukunft gehend immer mehr auf. So sind ab der klassischen Epoche auch neue Ausdrucksformen entstanden. Klangfarben und dynamische Veränderungen bis hin zur freien Gestaltung gelangten immer mehr in den Vordergrund.

Klangfarben und dynamische Veränderungen

Schon bei leicht zu spielenden Vortragsstücken sollte damit begonnen werden, sich nicht nur auf das reine „Abspielen" der Spielstücke zu beschränken, sondern durch Klangvarianten ein Höchstmaß an Ausdruckskraft zu erreichen.

Hierzu zählen zum Beispiel dynamische Veränderungen wie *crescendo* (an Stärke zunehmend) und *decrescendo* (an Stärke abnehmend), aber auch die vielfältigen Möglichkeiten der Klangfarbenveränderung.

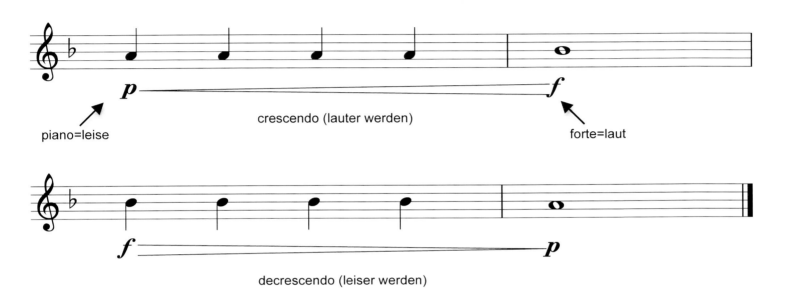

Das Vibrato

Durch die Anwendung des Vibrato ist es möglich, einen gegriffenen Ton nach erfolgtem Anschlag in zusätzliche Schwingung zu versetzen. Beim Vibrato wird der Daumen der Greifhand vom Gitarrenhals abgehoben und mit dem Greiffinger eine schwingende Bewegung ausgeführt. Handgelenk und Unterarm müssen dabei völlig entspannt sein und in der gleichen Weise bewegt werden wie der Greiffinger. Je rascher die Schwingungsbewegung ausgeführt wird, desto stärker ist der entstehende Vibratoeffekt.

Klangeffekte

In üblicher Ausgangshaltung wird der Ton direkt über dem Schallloch erzeugt. Unterschiedliche Klänge lassen sich erzeugen, in dem diese Ausgangshaltung verändert wird. Am Steg erzeugte Töne klingen „dünn" bzw. „hell". Am Schallloch oder gar am Griffbrett erzeugte Töne klingen „warm" bzw. voluminös.

Die Anwendung kann meist vom Spieler selbst bestimmt werden. Eine übliche Interpretation ist es, Wiederholungen am Steg zu spielen wodurch ein Stück wesentlich mehr Ausdruckskraft wie auch Abwechslung bekommt.

Das Gitarrentremolo

Es gibt zwei Formen des Tremolos, das klassische sowie das Flamencotremolo. Beim klassischen Tremolo werden die Melodietöne in sehr schneller Ausführung in der Reihenfolge „a", „m", „i" gespielt. Diese Reihenfolge ist sehr wichtig denn sie wird dauerhaft über die Tremolopassage angewandt und ist auch das Merkmal für das klassische Tremolo.

Beim Flamencotremolo hingegen wird ein weiterer Ton in die obere Tonreihe eingefügt und dafür der Zeitwert in der oberen Tonreihe herunter gesetzt.

Für das Erlernen des Gitarrentremolos muss man viel Disziplin, Zeit und Geduld aufbringen. Lehrstücke für diese Technik finden wir beispielsweise in Etüden-Schulen von *Matteo Carcassi* und *Napoleon Coste*.

Auch das berühmte Gitarrenstück „Recuerdos de la Alhambra" (Francisco Tarrega) sollte hierfür als Lehrwerk in Betracht gezogen werden.

Tremolo für die Klassische Gitarre

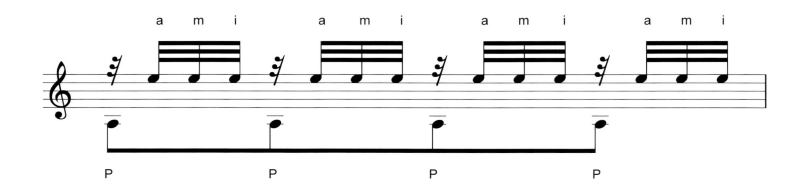

Natürliches Flageolet

Ein beliebiger Finger der Greifhand wird leicht ohne die Saiten herunterzudrücken auf den XII. Bund der hohen e Saite gesetzt und zwar direkt über dem Bundstäbchen. Dann wird die Saite kräftig angeschlagen und der Greiffinger von der Saite abgehoben. Auch ohne Abheben des Fingers erklingt der Ton, aber erst durch das Abheben kann sich der erzeugte Ton klar und rein entfalten. Diesen „schwebenden" Ton nennt man Flageoletton. Diese Tonerzeugung lässt sich auf allen Saiten über den Bundstäbchen im 12., 7. und 5. Bund ausführen.

Beispiel

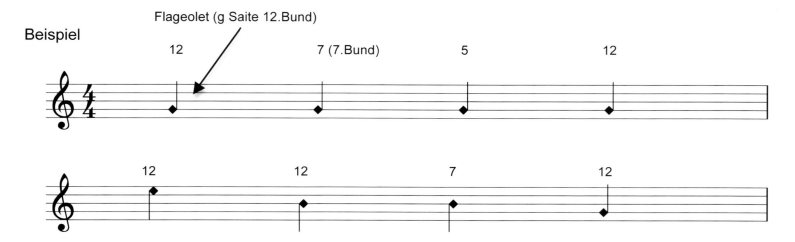

Technische Übungen

Es ist sinnvoll das tägliche Übungspensum mit technischen Übungen zu füllen. Es geht hierbei darum eine gute Balance zwischen der Anschlaghand und der Greifhand herzustellen bzw. zu trainieren. Von daher sollten die Übungen zunächst sehr langsam und mit einem Metronom gespielt werden.

Tremolo Studie

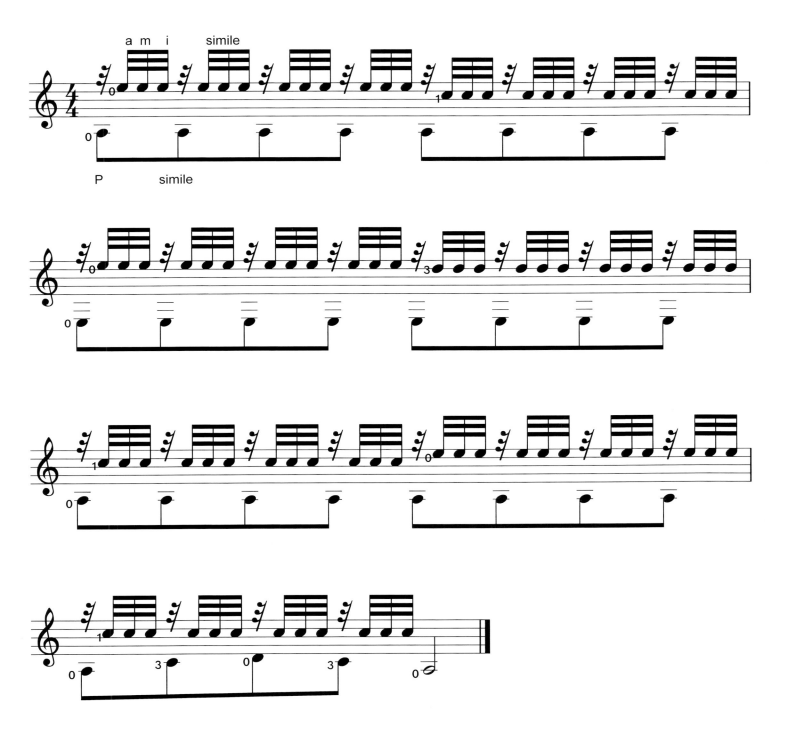

Flageolet Studie

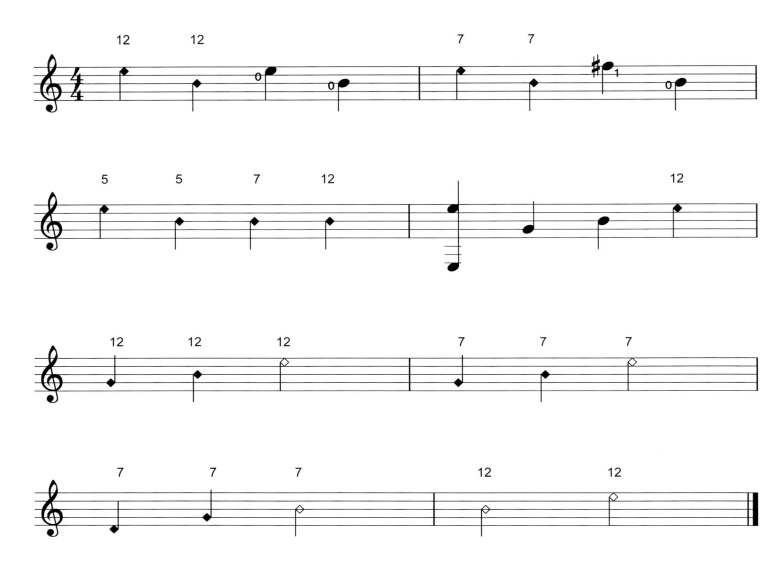

Gebrochene Terzen

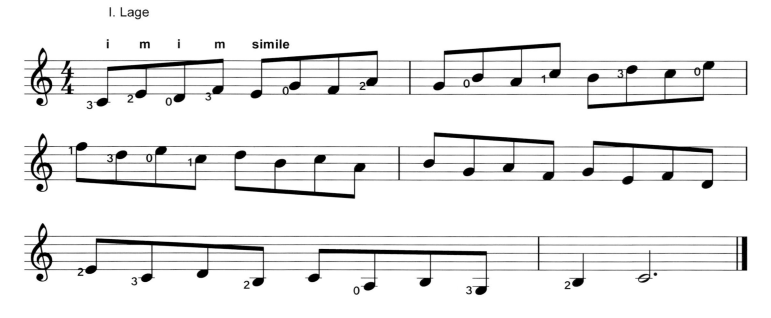

Tonleiterstudie in Sequenzen

Tonleiterstudie

1. Zweistimmige Studien

Terzen

Sexten

Schlusswort

Die Lernkapitel für den Einstieg in das klassische Gitarrenspiel sind an dieser Stelle beendet. Ihr habt Euch somit eine sehr fundierte Grundlage für den weiteren Lernverlauf auf diesem wunderbaren Instrument erarbeitet.

Der Lernprozess ist an dieser Stelle allerdings noch nicht vorbei. Es wäre daher sinnvoll nun weiterführende Lehrliteratur in Betracht zu ziehen. Das bis hier erworbene Wissen und Können bietet eine stabile Grundlage die Gitarrentechnik weiter auszubauen um immer anspruchsvollere Lieder zu erlernen oder auch in andere Bereiche wie auch Stilrichtungen vorzudringen.

Eine der wichtigsten Erkenntnisse ist die richtige Anwendung des Fingersatzes in der jeweiligen Lage. Beim Studium weiterer Gitarrenliteratur wird sich mit der Zeit eine ganz automatisierte Fingersatz- Bewegung einstellen. In guter Literatur sind abweichende oder spezielle Fingersätze wie auch die Lagen-Position angegeben.

Eine weitere wichtige Erkenntnis ist das „liegen lassen" der Finger, so lange dies im konkretem Fall möglich ist. Nur so lässt sich ein sauberer Spielfluss erzeugen.

Danksagungen

Es gibt einige Menschen ohne deren Hilfe dieses Buch niemals fertig bzw. überhaupt geschrieben worden wäre. Diese wären meine Mutter, meine Lebensgefährtin Heike sowie meine früheren Lehrer für klassische Gitarre und Komposition Hans Joachim Kaps, wie auch Lothar Ferschland und Michael Gechter.

Der Autor:

Christian Krüger, Jahrgang 1966, unterrichtet seit vielen Jahren klassische und moderne E Gitarre als Gastdozent wie auch an seiner eigenen Musikschule, die er 2005 gründete.

Sein besonderes Interesse gilt in letzter Zeit dem Niederschreiben seiner Lernmethoden, so sind unter der Sammelwerk-Reihe „Flow Guitar" noch weitere Gitarren-Lehrwerke zu erwarten.